KB210204

"자신이 실제 생활에서 훈련 받은 것이 아닌 것을 다른 사람에게 가르치는 것은 위험합니다. 낡은 집을 가진 사람이 집에 손님을 맞이하면, 손님에게 피해를 줍니다. 내면의 집을 세우지 않은 사람도 마찬가지로 그를 찾아오는 사람에게 해를 끼칩니다. 그는 말로써 사람들을 회심하게 만들 수 있을지 모르나, 악한 행동으로써 그들에게 해를 끼칩니다"

– 신클레티카

변화와 창조를 위해서는 외로움이라는 대가가 필요하다.
하나님과의 관계 역시 마찬가지다.
역사적으로 기독교 영성은
이 외로움이라는 배경 속에서 꽃을 피워 왔다.
외로움이라는 풍경이 부재한 기독교 영성은 거짓이며,
탁상공론에 불과할 것이다.

사막의 영성과 도시 목회

지은이	조의완
초판발행	2020년 10월 19일

펴낸이	배용하
책임편집	배용하
등록	제364-2008-000013호
펴낸곳	도서출판 대장간
	www.daejanggan.org
등록한곳	충남 논산시 매죽헌로 1176번길 8-54, 101호
대표전화	전화 041-742-1424 전송 0303-0959-1424
분류	기독교	목회	영성	교부

ISBN	978-89-7071-540-7 (03230)
CIP제어번호	CIP2020042227

 값 15,000원

사막의 영성과 도시 목회

3~5세기 이집트 사막의 영성의 개신교적 이해와 적용

조 의 완 지음

차 례
CONTENTS

머리말

    변화와 창조는 중심부가 아닌 변방에서 이루어진다. 안전한 공간에서는 변화의 의지조차 소멸한다. 안주하는 자리에서는 창조가 아닌 구태가 반복적으로 재현될 뿐이다. 그러나 변방은 안심과 안주와는 거리가 먼 변칙적이고 위태로운 자리이다. 그 곳에서는 과거의 그 어떤 효과적이었던 것도 그 성공을 보장받지 못한다. 그러나 동시에 변방은 모든 가능성이 열려 있는 곳이기도 하다. 변방의 황무함은 절망이 아닌 무엇이든 새롭게 시도할 수 있는 희망이기도 하다. 변방에서는 누구나 동일한 조건 속에서 몸부림칠 수 있다. 가만히 있어도 실패이기 때문에 그런 몸부림을 치는데 상대적으로 부담이 덜한 곳이기도 하다. 그런 점에서 변방은 창조공간이다.

    그러나 변방이 진정한 창조 공간이 되려면 중심부에 대한 콤플렉스가 없어야만 한다. 중심부에 대한 의식은 결국 중심부로부터의 동의와 지지를 얻기 쉬운 결과물을 내놓는데 급급하도록 이끌기 때문이다. 진정한 창조는 중심부의 동의를 얻지 못한다. 소수의 '얼리 어답터' early adaptor를 제외한다면, 중심부는 항상 변화와 창조에 적대적이다.

지난 수 십 년간 '자정능력을 잃은 한국교회' 라는 치욕스러운 비판을 너나 없이 하면서도, 한국 교회는 변하지 않고 있다. 많은 비판과 새로운 시도들은 있었지만, 그것은 중심부에 대한 콤플렉스를 벗어나지 못한 것들이었거나 변방성이라는 껍데기를 쓴 중심부의 또다른 몸짓에 불과했던 것 같다. 다른 이념과 적대자조차 상품화 하는 자본주의 시장과도 같이, 변방으로 물러서지 못한 채 외치는 모든 비판과 개혁의 목소리는 거대한 중심부의 블랙홀로 흡수될 뿐이다. 이에 한국 교회는 변화에 대한 기대와 소망보다는 갈수록 피로만 쌓이고 있다.

『사막의 영성과 도시 목회』는 한국 교회가 변방에 설 것을 촉구하며 필자가 여러 해 동안 목회학 박사과정 학생들과 나눈 강의와 토론 내용 토대로 쓰여졌다. "사막"과 "도시"라는 대조적인 공간은 변방과 중심의 대조 만큼이나 극적이다. 그러나 이같은 극단적 대조는 단순한 수사학적 은유가 아닌 하나님 나라의 역사 속에 드러난 실재이다. 성경을 통해 사막은 하나님께서 인간에게 당신을 드러내시는 장소로 빈번히 묘사된다. 사막은 하나님만을 향한 순종이 요구되는 극단적 환경이다. 그 황무한 땅에서 하나님께서는 죄악된 인류를 향한 새 판을 짜시며, 새로운 동력을 모으신다. 이와는 반대로 도시는 자기 만족self-sufficiency의 망상과 허위에 빠진 어둡고 죄악 된 反하나님적인 장소로 드러난다.창11:4

그러나 교회사를 통해 가장 극명하게 사막과 도시가 대립을 이룬 시기는 따로 있다. 주후 300여년간 그리스도인들은 로마 제국 안에서 모진 모함과 폭력을 겪었다. 이로 인해 그 가운데 수많은 이들이 순교의 피를 흘려야 했으며, 또 그만큼의 많은 이들은 배교의 길을 걸었다. 예전liturgy은 물론 기본적인 기독교 신학조차 제대로 세워지지 못한 이 시기에 순교자들은 그야말로 바른 신앙의 유일한 모델이었다. 순교적 삶이야말로 가장 고귀하고 거룩한 부르심 이었다. 따라서 순교자가 많을수록 더 깊은 헌신과 제자도가 믿는 자들 안에서 공고히 되는 역설적인 상황들이 이어졌다.

문제는 오히려 갑작스럽게 이같은 순교의 시대가 막을 내리고 난 뒤에 찾아온다. 콘스탄틴 황제에 의해 기독교가 로마 제국의 공인된 종교가 된 이후, 그리스도인들은 이제 순교가 아닌 다른 방식의 기독교적 삶의 이상을 찾아야만 했다. 그것은 쉽지 않은 일이었다. 이미 교회는 점점 권력을 잡기 위한 정치적 모함과 파벌의 자리가 되어가기 시작했다. 교회 내에는 황제가 밀어주는 종교로서의 기독교에 사심을 품고 참여한 '무늬만' 기독교인들이 갑작스럽게 증가했다. 순교의 시대는 저물었지만, 제자도도 함께 사라지게 된 셈이다.

이 무렵 이집트, 팔레스틴, 시리아 등의 도심 외곽에서는 수덕적 삶을 강조하며 신앙생활하는 독수도사들이 증가하기 시작했다. 그리고 그 가운데 일부는 더 깊은 사막으로 들어가 거기서 혹독한 수덕적 훈련에 전념한다. 그들에게는 곧 수많은 제자들이 형성되고, 일부는 공동체를 형성하여 초기 수도원으로의 면모를 갖춘다. 후대의 교회사가들은 당시 사막으로 물러난 이들을 가리켜 '무혈의 순교자들'이라는 별명을 붙여 준다. 이는 그들이 전 시대의 순교자들과 같이 그리스도를 위해 목숨을 마다하지 않는 고통과 역경을 감수했기 때문에 붙여진 별명만이 아니다. 그것은 순교자들을 잇는 성도의 본이 되어준 이들에게 부여된 이름이었다.

　　필자는 3-5세기를 통해 활발했던 이집트 사막의 운동을 오랜 시간 연구하면서, 당시 교회의 상황이 오늘날 한국 교회의 상황과 많이 닮았으며, 이들 사막의 운동을 통해 드러난 영성이 한국 교회에도 적용되어야 한다는 확신을 갖게 되었다. 이같은 확신은 학계와 교계를 통해 사막의 교부/교모들에 대한 관심이 꾸준히 증가하고 있는 상황에도 연유한다. 이십 여년 전 필자가 처음 사막의 영성에 관심을 갖기 시작할 무렵만 해도, 개신교 안에서는 사막 교부/교모들에 대한 관심이 많지 않았다. 그나마 헨리 나우엔과 같은 가톨릭 사제를 통해 희미하게 나마 그 존재를 알아 차렸을 정도였다. 그러나 최근에 이르러서는 주류 개신교 출판사들을 통해 사막의 영성과 관련된 원자료들과 연구서들이 꾸준히 출판되고 있다. 뿐만 아니라 필자와 마찬가지로 사막의 영성을 정규과목으로 개설해 가르치고 있는 개신교 신학교들도 하나 둘씩 늘어가고 있다.

　　그동안 가톨릭과 동방정교회의 유산으로만 알려졌던 변방

의 사막의 영성이 개신교 안에 이토록 가까이 다가오게 된 이유는 무엇일까? 사막의 영성의 변방성과 그 이질감이 중심부의 개신교에 던지는 메시지는 무엇일까? 여러 해를 거쳐 수차례 개설된 사막의 영성 세미나를 통해 함께 고민하며, 그 답을 찾고자 했던 여러 교단의 목회자들과의 이야기들은 여전히 미완이다. 더 나아가 사막의 영성을 배우며 공감과 당혹감을 동시에 경험하는 이들이 많다. 이같은 중심부에서의 반응 앞에 필자는 다시금 변방의 창조성을 한번 더 믿고 확신하게 된다.

이 책은 그러한 확신과 소망이 커가는 가운데 강의실을 벗어나 보다 폭넓은 독자층에게 이 변방의 운동이 알려지기를 바라는 마음으로 정리한 것이다. 이 책은 주로 목회학 박사과정 학생들을 대상으로 한 강의 내용을 토대로 했기에 목회적 상황을 일차적으로 염두하고 있지만, 값싼 은총을 넘어 하나님 나라를 향한 분투의 여정에 함께 하는 그리스도의 제자라면 함께 공유할 수 있는 내용들로 구성되었다. 여전히 개신교 안에서는 일부에게만 알려진 사막의 영성이 좀 더 많은 분들에게 한 발 더 가깝게 다가가는 계기가 될 것이다.

　다른 사막의 영성과 관련된 책들과 비교할 때 이 책이 갖는 특징은 사막의 영성을 21세기의 삶의 현장에서 분석, 비평, 적용하는데 있다. 기존의 사막의 영성에 대한 연구서들은 사막의 운동이 광범위하게 일어난 점과 원자료의 풍부함 때문에 주로 역사적인 사실을 전달하는데 치중하였다. 그러나 복잡하고 다방면으로 여러 시대에 걸쳐 일어났던 사막의 운동을 단순히 한권의 책으로 정리해 내기란 좀처럼 쉽지 않다. 사막의 운동을 다룬 국내외 여러 개론서들을 접하면서도 늘 아쉬움이 남는 것도 그 때문이다. 이에 필자는 사막의 운동에 대한 역사적 데이터들을 소개하는 측면보다는 사막의 운동을 통해 보여지는 사막의 영성의 주요한 특징들을 소개하면서 그것이 갖는 현대 사회에서의 적용점들을 제시하는쪽으로 본 서를 집필하였다.

　그런 점에서 이 책은 필자의 전작 『iChurch 시대의 일곱가지 치명적 죄악』의 연작이라고 할 수 있다. 전작을 통해 사막의 교부들과 교모들을 통해서 체계화되어 발전된 일곱가지 치명적 죄악을 21세기 소비주의 시대의 상황에 맞춰 살펴봤다면, 본 서에서는 보다 심층적으로 이들을 통해 촉발된 사막의 영성의 실체들을 구체적으로 살펴보는데 있다. 이를 위해 사막 교부들과 교모들의 이야기를 직접적으로 볼 수 있도록 주로『사막 교부들의 금언집』 *Apophthegmata Patrum*을 비롯한 원자료들의 내용들을 최대한 많이 소개하고자 했다. 먼저 1장에서는 초기 이집트 수도원주의의 발전과 정을 살펴 봄으로 사막의 영성이 태동하게 된 정황을 다각적으로 살펴보고자 한다. 2장부터는 각 장별로 사막의 영성의 핵심적 주제들을 독거, 침묵, 정주, 급진적 정직, 부정의 영성, 환대로 각각 분류하여 각 주제에 대한 사막 교부들과 교모들의 수덕적 삶과 사상들을 살펴보면서, 현대 사회와 교회 안에서 이러한 주제들이 어떻게 이해되고 접목 되어야 하는가를 제시할 것이다. 이를 위해 각 장의 말미에는 개인적 성찰과 소그룹 토론을 할 수 있는 질문들을 준비하였다. 끝으로 책의 후반에 소개되는 세 편의 부록을 통해서는 이집트 사막의 영성의 주요 인물들부록1과 주요 문헌들부록2, 그리고 사막의 수도사들의 침묵 기도를 시도해 볼 수 있는 성찰의 기도 가이드부록3를 각각 소개하였다.

많은 미진함이 있지만, 이 책을 통해 독자들이 사막의 영성에 한 발 더 다가서게 되는 계기가 될 수 있기를 바란다. 특히 지금도 변방에서 진정한 변화와 창조를 도모하고자 하는 용기 있는 그리스도인들과 교회들이 힘을 얻어 우직하게 걸어나갈 수 있는데 일조할 수 있다면 그보다 값진 일은 없을 것이다.

1장 * 초기 이집트 수도원주의의 발전 과정

"나에게 나의 사막, 변방의 삶, 그리고 나의 하나님을 주시오.
그분 한 분만을 나의 단순한 삶 속에서 기뻐 하도록 말입니다."[1]

(나지안주스의 그레고리)

청년의 때부터 그의 아버지와 교회로부터 신학적인 명석함을 인정받았던 나지안주스의 그레고리c.329-390는 사막에서의 수덕생활을 포기하고 억지로 떠다밀리다시피 사제가 되고, 말년에는 당시 가장 중요한 도시 가운데 하나인 콘스탄티노플의 감독으로 그 명성을 쌓았다. 그러나 그의 젊은 시절 사막에서의 수덕 생활의 소중한 경험은 성공적인 도시에서의 목양 가운데에도 단 한 순간도 잊혀지지 않았던 듯 하다. 은퇴를 앞둔 그는 이제 그의 사막을 돌려 달라 외치고 있다. 그레고리의 일화는 그 시대에 사막에서의 수덕적 삶을 염원했던 수 많은 그리스도인들에 대한 이야기 가운데 하나일 뿐이다.

척박하고 극한의 장소인 사막이 당시 그레고리를 비롯한 수 많은 그리스도인들에게 대안적 삶의 자리가 되었던 이유는 무엇이었을까? 지난했던 순교의 시대가 막을 내리고 평화로운 시기가 찾아왔을 때, 왜 사막의 교부들과 교모들은 도시가 아닌 아무도 주목하지 않고 인적이 드문 이집트 변방 사막으로 물러났던 것일까?

빅뱅이론?

사막의 영성의 기원에 대한 초창기의 연구들은 마치 "빅뱅이론"처럼 어느 날 갑자기 이집트 사막에서 수많은 수도사들과 수도원들이 생겨난 것으로 단순히 이해했다.2 즉 안토니Antoni, c.254-356라는 수도원주의의 창시자가 있었으며, 파코미우스Pachomius, c.292-346라는 공중수도원의 창시자가 뒤를 이었고, 이에 이집트는 어느 날 갑자기 수도원주의의 요람이 되었다는 식의 가설에 근거한다. 물론 안토니와 파코미우스가 이집트 사막의 영성에 지대한 공헌을 한 것은 틀림없는 사실이지만, 그들이 이집트 그리스도인들의 수덕적 삶을 주도했고, 그들로부터 사막의 영성이 시작 되었다고 보는 것은 역사적 사실을 지나치게 단순화 시키는 것이다.

초기 학자들은 이같은 빅뱅 이론을 뒷받침하는 자료로 아나타시우스Athanasius, c. 296-373의『안토니의 생애』Vita Antoni를 언급한다.3 오늘날까지 전해지는 이 책은 당시 고대 로마 문화에서 새로운 형태로 소개되는 전기적 문학장르라고 할 수 있고, 이내 그리스도인들은 물론 로마의 상류층에서도 관심을 갖고 읽는 고전이 되어 버렸다. 뿐만 아니라『안토니의 생애』는 당대를 넘어 교회사를 통해 지속적인 영향력을 갖고 읽혀져 온 가장 오랜 된 영적 고전 가운데 하나라 할 수 있다.

『안토니의 생애』가 시대를 초월해 관심을 받으면서, 자연스럽게 안토니는 사막의 영성의 창시자 혹은 아버지 격으로 이해되기 시작했다. 그러나 『안토니의 생애』를 쓴 아나타시우스조차 안토니를 사막 수도원주의의 창시자로 소개하지 않았다. 도리어 『안토니의 생애』를 자세히 읽어보면 이미 오랜 시간 수덕적 삶을 훈련해 왔던 그 이름이 알려지지 않은 노인이 등장하여 안토니의 초기 수도 생활을 도왔다는 사실이 묘사되고 있다.

> 안토니가 사는 마을에서 그리 멀지 않은 곳에 젊어서부터
> 홀로 은둔생활을 해온 노인이 있었다. 안토니는 그 노인의
> 덕을 모방했다. 안토니는 처음에 그 노인이 사는 마을 근처
> 에서 지내기 시작했는데, 어느 곳에 열심히 덕을 수련하는
> 사람이 있다는 말을 들으면 마치 지혜로운 벌처럼 그 사람
> 을 찾아갔다.[4]

이 노인의 정체는 무엇일까? 분명한 사실은 안토니 이전에 이미 수덕적 삶을 살아가던 사람들이 마을 주변에 존재 했다는 점이다.[5] 아타나시우스는 "당시 이집트에는 아직 수도원이 많지 않았고, 수도사들은 사막에 대해서 전혀 알지 못한 채 마을에서 그리

멀지 않은 곳에 홀로 살면서 자신을 훈련하는 생활에 집중하기를 원했었다"고 설명하면서 이들 수도사들에 대해 자세히 설명 하지 않는다.6 그만큼 당시 독자들에게는 이같은 수도사의 존재가 별도의 부연 설명을 할 필요가 없는 익숙한 풍경이었다고 추론할 수 있는 대목이다. 이에 대해 윌리암 함레스William Harmless는 오늘날 공공연하게 기독교 수도원주의의 아버지로 이해되고 있는 안토니의 이미지는 실제 안토니에 대한 역사적 사실에 기초하기보다는 안토니의 생애의 문학적 성공에 힘입은 것이라 결론 짓는다.7

최초의 공중 수도사로 알려진 파코미우스의 경우도, 마을 주변에서 살던 팔라몬Palamon이라는 수도사를 찾아가 그 밑에서 7년간 수덕 생활을 하던 일화들이 보다 상세하게 전해지고 있다.8

팔라몬은 마을에서 조금 떨어진 곳에 정착하여 살면서 인
근에 있는 모든 사람들에게 모범이 되며 아버지처럼 된 위
대한 수도사였다.9

파코미우스의 생애에는 마을 주변에서 수도생활을 하던 팔라몬 곁에 파코미우스를 비롯한 많은 제자들이 무리지어 각자의 동굴수실에서 생활하는 모습이 곳곳에 묘사되어 있다. 이처럼 마을 주변의 존경받는 수도사를 쫓아 수덕적인 삶을 통해 하나님께 가까이 가려는 구도자들의 모습은 안토니와 파코미우스를 비롯해

당시 순교적 삶을 살아가려는 이들의 정형화된 모습이었던 듯 하다.

마을 주변 수도사들: 포기자들apotaktikoi

1977년 고고학적으로도 이러한 마을 주변의 수도사들의 존재를 증명하며, 이들에 대해 새로운 사실을 알려주는 파피루스 뭉치가 발견이 되었다.[10] 이 문서는 법정 탄원서로서 주후 324년 6월이라는 구체적인 날짜도 명시되어 있다. 그 내용은 소를 끌고 길을 가던 이가 갑자기 어느 이웃으로부터 몽둥이 공격을 받은 것에 대한 탄원이었다. 피해자는 이 탄원서에서 장로 안토니누스와 수도사 이삭이 때마침 도와주지 않았다면 자신이 죽을 뻔했노라고 진술하고 있다. 현재 이것은 가장 오래된 수도사monakos에 대한 기록으로 전해진다. 결국 안토니가 그의 사후 358년에서 쓰여진 안토니의 생애를 통해 세상에 널리 알려진 인물이라고 할 때, 이미 그보다 한 두 세대 전에는 최소한 이집트의 마을 주변에서는 "수도사"가 공동체적으로 낯설지 않게 인지되던 존재였다는 점을 확인할 수 있다.

최초로 수도사라 불리웠던 이들 마을 주변의 수도사들은 모든 가진 것을 포기하고 물러선 자들이라는 뜻에서 "포기자들"apotaktikoi이라고 불린다. 그들은 북이집트의 마을 주변에서 독신과 수덕적 훈련의 삶을 살아갔던 것으로 전해진다. 이들 포기자들은 "이와 같이 너희 중의 누구든지 자기의 모든 소유를 버리지 아니하면 능히 내 제자가 되지 못하리라"눅14.33는 말씀에 순종하여 순교적 삶을 살아갔다. 그러나 그들은 거주민들로부터 떨어져 전적인 독거의 삶으로 수도생활을 했던 은수도사anchorite도 아니었고, 공동생활을 통해 수도원적 삶을 살았던 공주 수도사cenobite도 아니었다. 은수도사와 공주 수도사의 경우는 보다 후대에 발전된 형태의 수덕적 삶의 모습이라 할 수 있다.

4세기 초 황제의 고문이며 신학자였던 가이사랴의 유세비우스는 동시대의 수도사들에 대해 다음과 같이 극찬한 바 있었다. "수도사들monachoi에게 거처를 준 것은 인류를 위한 하나님의 최초의 가장 위대한 섭리였다. 왜냐하면 그들은 그리스도 안에서 전진하는 사람들 중 최전선에 있기 때문이다."11 이는 사막의 교부들과 교모들에 대한 묘사일 수도 있겠으나, 그 이전부터 마을 주변에서 수덕적 삶의 본을 보이던 포기자들과 같은 수도사들을 아우르는 설명이었을 가능성이 더 많다. 분명한 것은 유세비우스와 같은 당시 제도권의 성직자들조차 이들 수도사들의 새로운 삶의 방식을 일찌감치 인지하고 받아들였으며 존중했다는 사실이다.

앞서 안토니와 파코미우스의 이야기에서 묘사된 것처럼, 포기자들은 마을 주변에 머물면서 사람들로부터 영적 귀감이 되어 영적 지도 혹은 인도자의 기능을 감당했다. 사막 교부들의 금언집을 통해 사막 교부들은 종종 자신들보다 도시에서 남모르게 더 깊이 있는 수덕 생활을 하며 살아가는 이들이 있었음을 언급하는데, 그들과 포기자들 간에는 모종의 연관성이 있다고 봐야 할 것이다.

"끓는 냄비" 이론

포기자들에 대한 여러 증거들에서 본 것처럼, 사막의 수도원주의 운동은 '빅뱅이론' 처럼 어느날 갑자기 몇몇 영웅적 인물에 의해 촉발된 운동이 아니었다. 사막의 영성과 관련된 주요 문헌들을 보다 세심하게 들여다 보고 그 범위를 확장시켜 본다면, 이같은 빅뱅이론이 근시안적이라는 사실은 더욱 명백해 진다.

왜 이집트를 중심으로 3–5세기에 수도원주의 운동이 활발했는가에 대한 답은 단순히 몇몇 뛰어난 인물들에 의해서라는 환원주의적 요인이 아닌, 지리적, 사회–역사적, 신학적 정황들의 복잡하고 다양한 요인들이 축척되어 발생한 "끓는 냄비"boiling pot이론으로 답하는 것이 더 타당할 것이다. 이에 이어지는 내용에서는 사막의 운동을 태동시킨 지리적, 사회–역사적, 신학적 요인들을 간략히 살펴 봄으로 4세기에 사막 교부들과 교모들의 영성 운동이 왜 이집트를 중심으로 일어날 수 밖에 없었는지에 대한 원인을 제시하고자 한다.

지리적인 요인

오늘날 서구 중심의 기독교 세계에서는 이집트와 기독교 사이에 연관성을 쉽게 찾지 못한다. 그러나 이집트는 태중에 예수를 품은 마리아와 요셉이 헤롯의 박해를 피해 피난했던 장소였던 것만큼이나, 이른 시기에 기독교인들이 그 삶의 자리를 형성했던 곳이다. 이집트에서 발견된 풍부한 고고학적 자료들은 2세기에 이미 성경을 함께 읽던 기독교인들의 무리가 있었음을 확인시켜 주며, 4세기 무렵에는 교회와 감독, 사제, 장로 등과 같은 체계화된 기독교 공동체가 이집트 주류 사회 안에서 꾸준히 자라나고 있었음을 보여준다. 물론 이집트 안에서도 기독교인에 대한 이교도들의 박해가 끊이지 않았지만, 학자들은 5세기 무렵에 이르러서는 기독교인들이 이집트 사회의 주류를 형성 했다는데 이견이 없다.12

특히 이집트의 수도였던 알렉산드리아는 세계의 모든 지역으로부터 온갖 상업적, 문화적, 영적 영향을 유입 받는 동지중해 지역에서 가장 크고 중요한 해양도시였다. 오늘날로 치면 뉴욕 맨해튼을 연상시키는 도시라 할 수 있겠다. 당시 파로스*Pharos*라는 거대한 등대는 자유의 여신상에 견줄만한 위용을 갖추고 각지에서 오는 선박들을 위한 길잡이가 되어주었다. 사도 마가 또한 이 파로스를 따라 알렉산드리아로 들어와 순교한 것으로 전해지고 있다. 이처럼 경제, 사회, 문화적인 용광로였던 알렉산드리아는 다른 어느 도시보다도 기독교 신학을 일찍 체계화 시킨 기독교 지성의 중심지가 되어 판테누스, 클레멘트, 오리겐, 아타나시우스 등의 교회사에 족적을 남긴 신학자들을 배출했다.

이같은 알렉산드리아를 비롯한 이집트 전역이 광대하고 다채로운 사막과 인접해 있었다는 사실은 사막의 영성 운동이 왜 이집트를 중심으로 활발했으며, 짧은 시간에 로마제국의 주류 사회에 큰 파장을 일으켰는가에 대한 답이 되어준다. 뿐만 아니라 당시 기독교 운동의 중심지인 알렉산드리아가 사막과 가까웠다는 사실은 사막의 운동이 이웃과 사회를 외면한 도피적이고 반사회적인 운동이었다는 편견을 불식시키는 지리적 근거가 되어 준다. 특히 최근의 고고학적 증거들은 5-9세기의 이집트 일대 사막에서의 수도원적 삶이 마을이나 도시의 거주민들로부터 동떨어진 지역이 아닌, 상대적으로 인접한 사막에서 형성 되었음을 확인시켜 준다.13 인간이 살아갈 수 없는 극한의 조건 속에서도, 동시에 생명을 유지해 나갈 수 있는 나일강의 수원을 공급받을 수 있었던 이집트 사막은, 독수도적 삶이나 수도원적 공동체를 이루어 살아감에 있어 최적의 지형적 조건을 제공해 주었다고 볼 수 있다.

사회-역사적 요인: 박해, 콘스탄틴, 교회

왜 수많은 그리스도인들이 이집트 사막으로 물러나 수덕적 삶을 살아 갔는가에 대해 보다 명확히 이해하기 위해서는 초기 기독교의 '박해의 시기' 에 대한 선이해가 필요하다. 오늘날 우리가 쉽게 상상할 수 없는 박해와 그로 인한 순교가 유일한 형태의 영적 삶의 모델이었던 사회에서 그리스도인으로 회심은 결코 가벼운 일일 수 없었다.

주변인

현존하는 가장 오래된 형태의 기독교 십자가형의 표현은 2세기 로마 거리의 한 벽면에 그려진 낙서다. 이 낙서에는 "알렉산더 메노스가 하나님을 예배한다"는 조롱어린 글귀와 함께, 십자가에 달린 예수가 우스꽝스러운 나귀의 머리를 한 인간의 모습으로 그려져 있다. 이는 그 시대에 그리스도인으로 살아간다는 것이 어떠했으며, 십자가와 십자가에 달려 죽임 당한 예수가 어떻게 외부 세계에 이해되고 있었는가를 단적으로 보여준다. 그리스도인으로 살아간다는 것은 일상 가운데 비방을 당하고, 배제 되며, 주변부로 밀려나는 것을 의미했다. 끔찍하고 수치스런 처형 도구였던 십자가가 기독교 신앙의 거룩하고 중심된 상징으로 자리 잡게 된 것은 주후 500년경이나 되어서였다.

베드로전서는 이같은 초기 기독교인들의 모습을 특징짓는 단어로 "나그네*paroikoi*"라는 표현을 쓴다. 오늘날에야 나그네란 단어가 은유적이고 낭만적인 의미로 주로 쓰이지만, 베드로전서에서 묘사된 나그네는 초대 기독교인들이 처한 실제적 삶의 양식, 그 주변부적인 사회적 자리를 상징하는 사회학적 용어로 주목을 받는다.[14] 바울 역시 십자가의 복음을 쫓아 살아간다는 것이 일상적 삶에서 스스로를 주변부로 밀려나게 만드는 결과를 가져온다는 사실을 전제함을 명시하고 있다. "우리는 십자가에 못 박힌 그리스도를 전하니 유대인에게는 거리끼는 것이요. 이방인에게는 미련한 것이로되"고전 1.23중요한 사실은 베드로나 바울이 보여주는 이러한 주변인으로서의 자기 정체성이 문학적 수사가 결코 아니었다는데 있다. 초대 그리스도인의 주변부적 정체성은 매일의 삶의 현실로 경험되는 것이었다.

박해

초기 기독교인들의 이같은 주변부성은 중심으로서의 로마제국과 대조가 된다. 당혹스러운 것은 중심으로의 로마제국이 상당히 유연 했음에도 기독교인들이 어떠한 순응과 타협을 보이지 않았다는데 있다. 이는 당시 다른 종교들에 대해 관대했던 로마제국이 왜 유독 기독교에 대해서는 대대적인 박해를 가했는가에 대한 설명이 된다.

제럴드 싯쩌Gerald L. Sittser는 기독교 영성의 출발점으로 로마의 투기장으로 시선을 모은다.15 박해로 인한 순교를 기독교 영성의 시작으로 본 것이다. 오늘날은 포로 로마노와 함께 로마를 상징하는 대표적인 건축물로 운치 있게 남아 있지만, 일찍이 로마 제국은 이른바 '빵과 서커스Panem et Circenses'를 통한 통치 정책의 일환으로 피비릿내 나는 투기장에 로마 시민들을 불러들여 볼거리를 선물했다. 바로 그 환호하는 군중들 앞에서 수많은 그리스도인들이 사자의 먹잇감으로 죽어갔던 것이다. 이처럼 주님께서 부활하신 후 삼백여 년간은 혹독한 박해의 시기였기에 당시 모든 그리스도인들은 순교라는 현실을 직, 간접적으로 마주하며 살아가야 했다. 이는 박해를 통한 순교가 유일한 형태의 영적 삶의 모델이었음을 유추할 수 있게 한다.

박해, 고난, 그리고 죽음은 기독교 복음의 핵심 메시지다. 예수님은 평소 제자들이 직면할 박해에 대해 예고하며 가르치셨고 마태5:11-12, 10:16-22, 사도 바울 역시 동시대 그리스도인들에게 박해가 제자도의 필수 요소임을 강조했다. "무릇 그리스도 예수 안에서 경건하게 살고자 하는 자는 박해를 받으리라"딤후3:12여기서 더 나아가 바울은 자신의 모든 삶이 순교를 구현하는 삶으로 이해했다. "내가 그리스도와 함께 십자가에 못 박혔나니 그런즉 이제는 내가 사는 것이 아니요 오직 내 안에 그리스도께서 사시는 것이라"갈2:19-20 사도 베드로 역시 박해와 고난이라는 불가피한 기독교인의 운명을 대비할 것을 성도들에게 권면한다. "사랑하는 자들아 너희를 연단하려고 오는 불 시험을 이상한 일 당하는 것 같이 이상히 여기지 말고… 오히려 너희가 그리스도의 고난에 참여하는 것으로 즐거워하라. 이는 그의 영광을 나타내실 때에 너희로 즐거워 하고 기뻐하게 하려 함이라… 만일 그리스도인으로 고난을 받으면 부끄러워 말고 도리어 그 이름으로 하나님께 영광을 돌리라.벧전4.12-13, 16

앞에서도 언급한 것처럼, 로마는 타종교에 대해 상당히 관대한 편이었다. 로마의 진짜 종교라 할 수 있는 로마 황제와 제국에 대해 충성과 존중을 표한다면, 타종교는 로마사회에서 자유로이 수용될 수 있었다. 지금도 로마의 구시가에서 볼 수 있는 '만신전' *Pantheon*의 개방된 건축양식은 당시 로마의 종교관을 상징적으로 보여준다. 로마는 하나의 길a way로 기독교를 얼마든지 수용하고 관대할 수 있었다. 그러나 그리스도인들은 예수를 유일한 길the way로 고백하며 따르기에 갈등과 충돌이 발생하게 된 것이었다. 이처럼 초기 기독교의 제자도는 유일한 길 되신 그리스도를 따르는 자들이 이 세상을 살아가면서 고통과 핍박을 경험하게 되는 것이 불가피함을 전제로, 이러한 시험들에 대한 끈기 있는 분투의 삶을 살아갈 것을 요청하고 있다.[16]

초기 기독교인들의 삶에 대한 교본이라 할 수 있는『디다케』 *Didache*에는 그리스도인으로서 일상 속에서 직면하게 되는 핍박과 환난에 대한 지침이 다음과 같이 소개되고 있다.

> 생명의 길은 다음과 같습니다. "먼저 당신을 만드신 하나님을 사랑하십시오. 그리고 당신의 이웃을 당신 자신과 같이 사랑하시기 바랍니다. 당신 자신에게 범하지 않을 일을 다른 사람에게도 범하지 마시기 바랍니다." 이 말씀들의 가르침은 다음과 같습니다. "당신을 저주하는 사람들을

축복해 주시기 바랍니다. 당신의 원수를 위해 기도하십시오. 당신을 핍박하는 이들을 위해 금식하시기 바랍니다. 당신을 사랑하는 이들만 사랑한다면 무슨 유익이 있겠습니까? 이방인들도 이 정도는 하지 않나요? 당신을 미워하는 이들을 사랑하시기 바랍니다. 그러면 당신에겐 더이상 적이 없게 됩니다." [17]

이처럼 사도들의 시대에 박해와 순교는 "거룩함에 이르는 표준"이었다.[18] 순교자는 가장 완벽하게 그리스도를 따르는 자였고, 진정한 제자였으며, 악과 대면하여 싸우는 하나님의 위대한 투사였다. 그리스도를 위해 자신을 삶을 희생하는 순교자가 되는 것은 가장 영예로운 일이었다. 순교자들은 그 동시대 그리스도들로부터 칭송과 존중을 받았으며, 누구나 따라야 할 삶의 모형이 되어주었다.

수덕적 삶, 순교적 삶

안디옥의 이그나티우스Ignatius of Antioch, c.30-105는 순교를 통해 인간은 완전함에 이른다고 설명한다. 그에게 순교는 반드시 추구해야 할 이상이기에, 여기서 실패하면 그는 "하나님께 이르지 못하는" 온전하지 못한 존재로 머물고 만다고까지 절박하게 고백하고 있다.[19] 그러나 순교는 자발적으로 선택할 수 있는 것이 아닌, 하나님의 은혜에 의해서만 주어지는 은사이자 선물이다. 순교는 가장 숭고한 길이지만, 그것은 소수의 그리스도인들에게만 주어진 부르심이었다. 이에 당시 많은 그리스도인들은 비록 자신이 순교의 은혜까지는 누리지는 못하더라도, 그리스도를 위해 고통과 핍박을 기꺼이 감수하며 살아가려 하지 않는 자는 그리스도인이라 할 수 없다는 순교적 삶에 대한 이해를 보편적 가치로 받아들였다.

그렇다면 외부적 박해마저도 부재할 때, 그리스도인은 어떻게 순교적 삶을 이어갈 수 있을까? 실제로 순교를 초래한 로마의 박해는 상시적이지는 않았기 때문에 이것은 신학적으로 중대한 질문이었다. 초기 대표적 순교자인 폴리캅Polycarp, c. 69-155이나 이그나티우스가 살았던 때와 달리, 상대적으로 평화로운 시기를 살았던 알렉산드리아의 클레멘트Clement of Alexandria, c. 150-215는 이같은 질문에 대해 체계화 된 답을 제시한 바 있다. 클레멘트는 진정으로 순교로 부름받지 않았으면서도, 불순한 동기에 의해 순교자가 되려는 하는 것은 헛된 일임을 설명하면서, 사도들과 이후 소수의 영혼들의 순교는 사적인 영화나 완덕을 이루고자 함이 아닌 그리스도의 몸된 교회를 이루기 위한 과정으로서 중요한 것이었음을 강조한다.[20]

순교자를 의미하는 헬라어 마르투스martus는 증인으로의 또 다른 의미를 담고 있다. 클레멘트는 순교가 그 어떤 외부적 조건에

상관없이 하나님 앞에서의 온전한 증인으로서의 고백confession을 이루는 삶을 의미한다면, 모든 영혼은 칼이 목에 들어와도 변함없는 신앙의 고백을 하는 것은 물론이거니와 평상시의 삶에서도 주의 계명에 순종하며, 그 삶과 말을 통해 피와 같은 믿음이 고백되는 순교적 삶을 살아가야 함을 강조한다. 클레멘트에 따르면, 그리스도의 증인에게는 주님을 위한 "희생적 삶"과 주님을 "철저하게 닮아가는 삶"만이 존재한다. 그 희생적 삶이 순교자의 길을 가리킨다면, 후자는 순교자로 부름 받지 않은 일반 성도들의 삶을 의미한다고 볼 수 있다.21

특히 클레멘트는 죄 죽이기와 덕을 통해 그리스도를 닮아감으로 인간은 매일의 삶에서 순교를 경험할 수 있으며 이를 위한 구체적인 방법으로 수덕적 삶ascetical life을 강조한다. 참된 순교자는 "하나님의 형상likenss을 덧입는데 필요한 모든 것을 하나도 놓치지 않으면서 최대한 닮아가려는 자이다. 이를 위해 그는 자신을 절제하고, 인내하며, 의롭게 살아가며, 자신의 정념들을 다스리며, 이웃을 위해 할 수 있는 최선의 것을 나누며, 말과 행실에서 선을 행하는 삶을 살아간다."22 바울이 말한 바와 같이 그들은 자신에게 과거 "무엇이든지 유익하던 것을….그리스도를 위하여 다 해로 여겼다"빌3.7

클레멘트를 통해 살펴본 것처럼, 수덕주의asceticism는 피흘림의 순교와 함께 초기 기독교 세계에서 온전한 기독교적 경건과 제자도를 이루기 위한 대안적 삶의 방식으로 자연스럽게 자리를 잡게 된다. 이같은 사실은 이 장의 서론에서 소개했던 그레고리를 비롯한 당시 많은 그리도인들이 왜 교회에서의 다른 어떤 직분보다도 수덕적 삶을 흠모하며 살아 갔는가에 대한 답이 되어 줄 뿐만 아니라, 3-5 세기 사막의 영성이 왜 그토록 많은 사람들의 주목을 받았는가에 대한 답이 되어줄 것이다. 수덕주의, 그것은 피흘림의 순교를 잇는 무혈bloodless의 순교적 삶을 상징했던 것이다.

신학적 요인: 사막의 의미

사막의 성경적 의미

초기 수도원주의 운동은 이집트, 시리아, 팔레스틴 일대의 사막을 중심으로 일어 났다. 성경에서 사막은 낯선 무대가 아니다. 헬라어로 *eremos* 히브리어로는 *midbar* 인 사막 혹은 광야의 본래적 의미는 포기, 버림받은 상태를 의미한다. 은자 *hermit* 라는 용어도 사막이라는 용어에서 파생된 헬라어 *eremite* 에서 유래했다. 그러나 그 본래적인 의미가 갖는 부정적 의미와는 달리, 성경에서 언급되는 사막은 종종 하나님께서 인간들에게 당신을 드러내시는 특별한 자리로 묘사된다. 신 광야의 시내산에서의 모세출19, 호렙산시내산에서의 엘리야왕상 19.8, 유대 사막에서의 세례 요한마태 3.1, 주님께서 받으신 사막 시험마 4.1-11; 막 1.12-13; 눅 4.1-13, 주님께서 습관적으로 물러나신 자리로서의 광야눅 4.42, 6.21, 9.18, 11.1, 변형

transfiguration의 장소로서의 다볼산시내산막 9.2-8등은 하나님께서 사막에서 당신을 드러내신 대표적인 구절들이다. 무엇보다 이집트에서 종살이 하던 히브리인들을 해방시킨 출애굽의 무대가 사막이었다는 사실은, 이후 세대들에게 반복해서 사막의 모티브를 기억하게끔 했다. 이에 성경 전체를 통해 사막은 물리적 의미를 넘어 풍부한 은유적인 의미와 신학적 의미를 내포하고 있다.

에덴 동산이 하나님과 함께하는 본연의 장소라고 한다면, 아담과 하와의 원죄 이후 가인의 자손들이 하나님 없이 자족하며 살아갈 수 있다는 망상 가운데 도시를 중심으로 삶을 형성하며 살아갈 때 이에 대한 대안적 자리는 사막이었다. 죄악된 세상 가운데 사막은 하나님만을 향한 순종을 되찾는 자리였다. 호세아는 하나님께 대한 첫사랑이 다시 회복되는 자리로서의 사막을 잘 묘사하고 있다. "그러므로 보라 내가 그를 타일러 거친 들로 데리고 가서 말로 위로하고 거기서 비로소 그의 포도원을 그에게 주고 아골 골짜기로 소망의 문을 삼아 주리니 그가 거기서 응대하기를 어렸을 때와 애굽 땅에서 올라오던 날과 같이 하리라. 여호와께서 이르시되 그 날에 네가 나를 내 남편이라 일컫고 다시는 내 바알이라 일컫지 아니하리라"호 2.14-16

뿐만 아니라 황무한 사막은 교만한 인간을 향한 경고와 심판의 상징이자, 하나님께서 순종하는 소수의 의인들을 통해 역사의 새 판을 짜시는 곳이기도 하다. 아브라함은 그가 "알지 못하는

신"히11.8-12에 대한 순종 가운데 풍족한 도시 갈대아 우르를 떠나 남부의 거대한 네겝 사막으로 나아간다. 한 순간의 분노로 젊은 시절을 망친 모세는 사막이 본격적인 소명의 자리였다. 사막에서 그는 하나님을 대면했으며출3.2-6, 부르심을 받았다. "내 백성을 보내라. 그러면 그들이 광야에서 내 앞에 절기를 지킬 것이니라"출5.1이 말씀은 단순히 이집트에서의 탈출을 위한 임기응변의 말이 아닌, 광야/사막이라는 자리가 갖는 신학적 기능을 내포한 말씀이다. 즉 인간은 사막에서 하나님을 기억하며, 하나님을 예배하게 된다는 의미다. 이에 앤드류 루스Andrew Louth는 예배를 위한 가장 순전한 자리로서의 사막에 대해 다음과 같이 설명한다.

> 사막은 인간의 관심사를 포기하는 것을 상징한다. 이로서 오직 하나님만이 그들의 유일한 관심사가 되게 한다. 이와 같이 우리의 유일한 관심사–가장 큰 관심사가 아닌–로서 의 하나님을 인정하는 행위는 다른 여타의 관심사들이 더 이상 관심의 대상이 되지 않는다는 것을 의미한다. 이같이 하나님을 인정하는 행위가 바로 예배다…. 여러 관심사들 이 많기 때문에 쉽사리 저급한 안목이 되기 쉬운 인간들에 게 사막은 하나님의 초월성의 일부를 어렴풋이 보게 도와 준다.[23]

인간은 사막에서 무기력하다. 오직 하나님만이 그 곳에서 일하신다.신32.10-12하나님은 매일 매일의 광야의 여정에서 만나를 내려 주심으로 히브리인들을 굶기지 않고 이끄셨다.출16.16-21 이같은 출애굽의 사막의 모티브는 신약의 주기도문과 산상설교의 중심부에서도 고스란히 드러난다. "오늘날 우리에게 일용할 양식을 주옵시고"마6.11, "그런즉 너희는 먼저 그의 나라와 그의 의를 구하라 그리하면 이 모든 것을 너희에게 더하시리라. 그러므로 내일 일을 위하여 염려하지 말라. 내일 일은 내일이 염려할 것이요 한 날의 괴로움은 그 날로 족하니라"마7.33-34극한의 삶의 자리에서 일용할 양식과 필요를 매순간 하나님께 의지하며 하루 하루를 살아갔던 출애굽 공동체의 정서가 반영된 이같은 말씀들이 마을과 도시에서 삶을 살아가는 이들의 영적 지침이 되고 있다는 사실은 물리적 사막이 신앙인들의 삶에 일찍부터 내면화 되었음을 의미한다.

뿐만 아니라 사막은 도시와 같은 문명화된 자리에서 이미 예단되어 있는 하나님, 인간의 신학적, 종교적 프레임에 갇혀 있는 하나님이 아닌, 인간이 붙잡을 수 없고, 헤아릴 수 없는 하나님의 본연의 신비를 향해 그 마음을 열도록 이끈다. 모세는 시내산의 구름 속에서 하나님을 만났으며출19장, 엘리야는 사막이 아니면 놓치기 쉬운 "세미한 음성" 가운데 당신을 드러내신 하나님을 경험했다.왕상19.11-13그리고 그 헤아릴 수 없는 하나님은 척박한 그 사막에서 인간에게 생명과 풍성함을 선물하시는 분으로 묘사된다. 한 마디로 성경에 나타난 사막은 그 환경적인 부정성에도 불구하고, 하나님의 말씀이 명료하게 들리며, 그 일하심이 가장 극적으로 드러나고, 그 사랑이 가장 선명하게 경험되는 자리라 할 수 있다.

은둔이 아닌 저항과 대항으로서의 사막

칼 바르트는 "사막으로의 물러섬은 세속화된 교회는 물론, 세상에 대항한 매우 책임감있고, 효과적인 저항이다. 그것은 새롭고 구체적인 투쟁의 방법으로 노골적으로 세상에 저항한다"고 주장한 바 있다.[24] 사막이 박해의 시기 이후에 대안적인 순교적 삶의 자리로 주목을 받은 것은 사막이 세상으로부터 도피할 수 있는 곳이기 때문이 아닌, 그와는 반대로 세상에 대해 분투하며 저항할 수 있는 곳이라는 이유 때문이었다. 초기 그리스도인들에 대한 로마의 박해는 디오클레티안 황제 때에 이르러 극에 달해 있었다. 그간 수 천명의 순교자들이 있었고, 이에 못지 않게 수 많은 변절자들도 나타났다. 그러나 기독교에 우호적인 콘스탄틴이 황제가 된 이후, 모든 상황은 뒤바뀌기 시작했다. 그가 기독교를 로마의 공인된 종교로 인정한 이후에는 이전까지 핍박 받는 신앙이었던 기독교가 특권을 누리는 자리로 옮겨가게 되었다. 황제가 믿는 종교라는 이유만으로 기독교에 대한 프리미엄이 따라붙기 시작한 것이다. 이제 교회에 나가며 그리스도인이 된다는 것은 일종의 사회적 유행이 되었으며, 이전 까지만 해도 로마제국 전체에 10퍼센트가 채 안되던 그리스도인들의 수는 콘스탄틴의 시대에는 무려 50퍼센트에 이르게 된다.

그러나 로마 제국의 절반을 차지하는 이들이 과연 모두 순수한 의미의 그리스도인이었다고 할 수 있을까? 다신을 숭배하는 로마 사회에서 하나의 신을 믿는 것은 사교 모임social club에 참여하는 일과 크게 다르지 않았다. 따라서 박해의 시대의 철저한 제자도를 이들로부터 기대한다는 것은 어불성설이었다.

바로 이러한 시대, 더 이상의 분투가 부재한 기독교 왕국의 시대에 도래하자 충성된 제자도를 지키기 위해 사막으로 물러난 이들이 있었으니 그들이 바로 사막의 교부와 교모들이다. 그들은 적당히 도시 교회와 로마의 평화에 안주하지 않고, "이와 같이 너희 중에 누구든지 자기의 모든 소유를 버리지 아니하면 능히 내 제자가 되지 못하리라"눅14.33는 주님의 말씀을 삶 속에서 구현해 내기 위해 애썼다. 그들은 "망령되고 허탄한 신화를 버리고 오직 경건에 이르기를 연습하라"딤전4.7는 바울의 지침을 매일의 삶에서 진지하게 받아들였다. 이처럼 사막 교부들과 교모들에게 사막은 세상 속에 안주하며 타협하려는 신앙을 우직한 분투로 이끄는 자리이다. 사막은 인간의 연약함을 노골적으로 폭로하며, 평소의 삶속에 덧입고 있던 망상과 허위를 벗겨낸다는 사실을 그들은 알고 있었다.

그러나 물리적으로 제한된 사막은 그 수덕적 삶을 통해 다른 무엇보다 하나님과의 깊은 만남과 온전한 연합을 이루는 최적의 자리라 할 수 있다. 이와 같은 사막의 독특한 기능에 대해 조슈아 히콕Joshua Hickok은 다음과 같이 설명한다. "사막은 고난 속에서 자족하는 자신을 죽임으로 예수 그리스도 안에서 하나님께 받은 은혜의 값비싼 대가가 충만히 실현되도록 하기 위한 자리다."[25] 사막에 대한 이같은 설명은 제자도, 헌신, 충성, 혹은 희생 없이도 그리스도인이고자 하는 현대인들을 성향을 "값싼 은총"으로 고발한 본회퍼의 그 유명한 글을 연상케 한다.

값싼 은총은 우리 교회의 치명적인 적대자다. 오늘날 우리는 값비싼 은총을 위해 투쟁해야 한다. 값싼 은혜는 싸구려로 팔아 버리는 상품과 같은 것으로 억지로 내맡기는 죄의 사유요 위로요 성만찬이다. 무진장한 신료품 창고에서 물품을 내오듯이 생각없이 교회에서 털어 내는 은혜를 뜻한다…. 값싼 은총은 회개를 요구하지 않는 용서의 설교, 교회의 규율이 무시된 세례, 고백이 부재한 성만찬, 개인적 참회 없는 면죄와도 같다. 값싼 은총은 제자도가 없는 은혜, 십자가가 없는 은혜, 살아계시고 성육신 하신 예수 그리스도가 없는 은혜를 의미한다.[26]

본회퍼는 같은 책에서 우리 삶에 수덕주의적 요소가 부재하고 그저 육체의 욕망에 자신을 제멋대로 놓아두게 된다면, 우리는 그리스도를 섬기기 무척 어렵게 될 것임을 경고했다.[27] 그런 점에서 우리 삶의 목표가 바울이 말한 바와 같이 하나님께서 주실 썩지 아니할 면류관을 얻기 위한 것이라면, 사막은 그 "이기기를 다투는 자"가 "모든 일에 절제"하는 삶을 수덕적 훈련을 통해 체득하는 바른 자리라고 할 수 있다.

사막으로의 초대: "네 청년 때의 인애와 네 신혼 때의 사랑을 기억하노니"

예레미야 2장을 보면, 사막은 "씨 뿌리지 못하는 땅"의 의미를 갖고 있음을 볼 수 있다. 즉 현재의 생존은 물론이고, 미래의 소망마저 구하기 힘든 메마른 땅이 사막이다. 그러나 그런 척박함 중에 올곧이 하나님을 신뢰하며 드러낸 인애와 사랑에 하나님은 그 첫 열매로서의 이스라엘을 아끼시며 그리워하신다. "네 청년 때의 인애와 네 신혼 때의 사랑을 기억하노니"렘2.2 오늘날 이 사랑은 대체 어디로 갔는가?

씨 뿌리지 못하는 땅에서의 머무름을 비합리성과 비효율성으로 판단하고 마는 현대인들은 중심의 좋은 자리를 선점하기 위해 안간힘이다. 그리고 그 중심에서는 곧잘 경청, 순종, 기다림, 겸손보다는 나의 욕망을 채우기 위한 아우성, 고집, 조바심, 교만이 드러나곤 한다.

그런 점에서 이집트 사막의 수도사들의 이야기는 우리 시대에 그 의미가 각별하다 하겠다. 충성된 제자도보다는 내 구미에 맞는 신앙생활을 소비하기에 급급한 종교 소비주의자들에게, 하나님과 세상은 나를 중심으로 돌아가야 하는 것처럼 헌신과 희생보다는 마치 오늘날 핸드폰을 들고 끊임없이 셀피selfie를 찍어대듯 나를 위한 욕망으로 가득 찬 주문을 외우고 있는 나르시스틱한 세대들에게, 사막의 영성은 다른 길을 보여준다. 그것은 하나님이 그리워 하셨던 당신의 백성의 모습이 회복되는 길이다. 모든 것이 넘쳐나고, 더 많은 선택이 가능하다고 우리를 길들이고 있는 이 시대에 사막은 그렇게 우리를 초대하고 있다. "당신의 삶에서 사막을 찾으려 시도하지 않아도 됩니다. 대신 사막이 당신을 따라잡을 것입니다"[28]

성찰과 토론

1. "나에게 사막, 변방의 삶, 하나님을 돌려 달라"고 외쳤던 나지안주스의 그레고리처럼 나의 삶 가운데 그런 사막, 변방을 그리워 한 적이 있었는가? 왜 그런 마음을 가졌는가? 지금의 나는 어떠한 상태인가?

2. 사막의 수도사들은 순교의 시대가 저물던 시대에, 외부적인 박

해가 부재한 가운데서 순교적 삶을 이어가기 위해 수덕적 삶을 추구했다. 순교적 삶을 살아가는 것은 오늘날도 여전히 타당한 그리스도인의 삶의 태도인가? 만일 그렇다면 나는 현재 어떠한 방식으로 순교적 삶을 구현해 나가고 있는가? 구체적으로 내가 지향해야 할 순교적 삶의 모습에 대해 생각해 보고, 지체들과 함께 각자가 생각하는 순교적 삶의 모습을 솔직히 나누어 보자.

3. 성경에 나타난 사막의 의미에 대해 살펴보자. 사막에서 하나님은 어떤 일을 행하셨는가? 사막이라는 지형이 갖고 있는 어떤 면들이 하나님으로 하여금 당신의 일하심의 주요 무대가 되게 하였는가? 지금도 하나님은 그런 자리를 사용하실까?

4. 당신에게 사막은 필요한가? 물론 물리적 사막을 의미하는 것은 아니다 중심으로부터 물러나와 변방의 자리에 서는 일의 중요성에 대해 당신은 공감하는가? 어떠한 이유에서 그러한 자리에 서는 일이 중요한지 이야기 해 보자. 그리고 변방의 중요성을 알면서도 그 자리에 오래 지속적으로 머물지 못하는 이유는 무엇인지에 대해서도 함께 솔직히 이야기 해 보자.

2장 독거

사막의 교부 아르세니우스가 아직 궁전에서 살고 있을 때에
하나님께 "주님, 저를 구원의 길로 인도해 주소서"라고 기도했다.
그때 그에게 "아르세니우스야. 사람들에게서 도망쳐라.
그러면 네가 구원을 받을 것이다"라는 음성이 들려왔다.
아르세니우스가 독거하는 삶을 살고 있을 때에도 같은 기도를 드렸다.
이번에는 "아르세니우스야, 도망쳐라.
그리고 침묵하며 항상 기도하라.
이것이 죄를 짓지 않는 근원이다"라는 음성이 들려왔다.[29]

해마다 "혼삶족"이 늘어가고 있는 상황이다. 최근 보건복지
부 발표에 의하면, 2016년 기준으로 27.9 퍼센트가 일인 가구로 한
국 사회에서 가장 주된 가구 형태로 자리 잡고 있다. 이 추세로는
2045년이 되면 세 가구 중 하나는 일인 가구가 된다 하니, 이로 인
한 사회 변동도 걷잡을 수 없을 것으로 보인다. 이미 혼자 있어도
불편하거나 심심하지 않은 문화 상품들이 트렌드가 되어 그 시장
성을 확인 받고 있는 상황이지 않은가?

혼자 산다는 것이 반드시 외롭다는 것을 의미하지는 않을 것이다. 나와 맞지 않는 사람들 틈에 사는 것이 때론 더 외로운 경우도 있으니 말이다. 관계성은 분명 양보다는 그 질이 중요하다. 그러나 혼자 살아가는 사람들은 외로움의 상황에 그만큼 더 빈번히 노출되어 있는 것만은 분명하기에, 기독교는 이 외로움의 문제를 어떻게 다루어야 할지 답해 주어야만 하는 시대적 책임이 있다.

일찍이 마더 테레사는 외로움이 현대 서구사회의 가장 치명적인 고통 가운데 하나라고 말한 바 있다. 핸드폰, 이메일, 문자메시지, 소셜 미디어 등 세상 어디에 있어도 쉽게 연결될 수 있는 커뮤니케이션의 혁신에도 불구하고, 사람들은 과거보다 더 많이 외로움을 호소하고 있다. 오히려 우리는 과거의 어느 때보다도 외로움 앞에 더 서툰 세대들처럼 보인다.

외로움은 단순히 감정이 아니다. 최근 학계에서는 만성적 외로움이 병리학적 외로움으로서 유해하다는 연구결과를 발표한 바 있다. 즉 병리학적 외로움은 흡연, 비만, 운동부족에 못지않게 우리의 생명을 위협하는 치명성이 있다는 것이다. 실제로 공해에 의해 5 퍼센트 일찍 우리의 생명이 단축된다고 할 때, 비만의 경우 20 퍼센트, 술의 경우 30 퍼센트, 외로움의 경우는 무려 45 퍼센트 일찍 우리 생명을 일찍 단축시킬 위험이 있다고 한다. 일일이 예를 들지 않아도, 어린아이부터 시작해서 노인에 이르기까지 외로움 속에 극단적 선택을 하는 사람들의 안타까운 이야기는 우리 주변

에서 너무도 많이 들려온다.*30*

하지만 외로움은 그저 부정적이지만은 않다. 우리가 존경하는 역사적 위인들은 대부분 외로움과 분투했던 사람들이었다는 사실을 잊지 말아야 할 것이다. 예술가의 창조적인 작품은 외로움 속에서 꽃피운 것이다. 아니 크고 작은 모든 창의성은 어떤 식으로든 인간의 외로움과 조우하는 가운데 발현되는 것이 아니던가?

영적 삶을 살아간다는 것은 무엇보다 먼저 내 자신의 외로움을 직면할 수 있는 용기로부터 시작된다. 그 외로움의 자리를 견뎌 냄으로만 인간은 하나님 안에서 스스로를 알고, 거기 계신 하나님과 인격적인 관계를 맺을 수 있다. 영성은 정신 없는 전력질주가 아닌, 멈추어 고요함 속에 머무름으로 형성된다. 조바심을 내려놓고, 내면의 갈등과 두려움, 그 어둡고 부정적인 마음에 주의 깊게 귀 기울일 수 있어야 한다. 참된 영적 인도자는 무엇을 하라고 가르치고, 어디로 가도록 충고하는 자가 아니다. 머무름의 기회를 주며, 그 독거의 자리에서 스스로를 대면하는 위험을 감수하도록 이끌어 주는 사람이다.*31* 그런 점에서 사막의 교부들과 교모들은 외로운 현대의 그리스도인들을 위한 참 스승이라 할 수 있다.

물러섬

사막의 수덕적 삶ascetical life은 인간에게 속박이 아닌, 자유함을 준다. 오히려 수덕적 삶이 부재하다면 인간의 삶은 끊임없는 외부 자극에 대한 반응으로 점철된 고단하고 끝내 고갈된 삶이 되고 말 것이다. 그런 점에서 수덕적 삶은 외부적 자극으로부터의 물러섬withdrawal과 세상에 대한 집착으로부터의 분리detachment를 우선적으로 강조한다. 궁실의 관료로 머물던 아르세니우스가 참된 구원을 위한 기도 가운데 거듭해서 들은 음성은 사람들로부터 물러나라는 부르심이었다.[32]

　　사막의 영성의 첫걸음이라 할 수 있는 물러섬anachoresis에서 비롯된 용어가 독수도사를 가리키는 anchorite이다. 사막의 운동은 나중에 중세 수도원 운동의 시초가 되는 최초의 수도원 공동체로 발전하게 되지만, 초기 사막의 운동은 이들 독수사들을 중심으로 시작되었다. 세상에 대한 집착으로부터 벗어나기 위해 이들 독수도사들은 사막을 택했다. 사막의 교부 둘라스Doulas는 "너무 많은 것에 대한 애착으로부터 스스로 거리를 두십시오. 그렇지 않으면 당신의 원수가 당신의 영혼에게 의심을 불러 일으키며 내면의 평화를 깨뜨릴 것입니다"라고 경고한다.[33] 세상에 대한 지나친 집착은 인간의 영혼을 미혹하며, 내적 평화를 깨뜨린다. 강박감과 조바심에 의해 나의 말과 행동이 통제되고 조종당하고 마는 삶 가운데 인간은 곧잘 길을 잃는다. 이에 사막의 교부들은 물러섬을 통해 독거를 이루며 세상으로부터 완전히 잊혀질 것을 권면한다. "모든 이들로부터 버림 받았다고 생각하는 수도사는 행복한 사람입니다."[34]

세상에 대한 긍정으로서의 물러섬

그렇다면 이같은 물러섬은 세상과 이웃에 대한 부정을 의미하는 것이 아닐까? 실제로 사막의 운동에 대한 가장 큰 반발의 요인들 가운데는 세상에 대한 부정이 언급된다. 도시의 일상을 떠나 사막으로 물러나는 일은 사회적 무책임, 도피, 이웃사랑의 부재, 비현실적 이상주의로 폄하 된다. 오늘날 수도원주의에 대한 개신교의 비판도 이와 유사한 논조인 경우가 많은 것을 보게 된다. 과연 사막으로의 물러섬은 세상에 대한 이같은 부정을 의미하는 것일까?

이같은 질문에 답하기 위해서는 우선적으로 물러섬의 지향점을 아는 일이 중요하다. 아르세니우스의 금언에서 살펴본 것처럼, 사막 교부들의 물러섬의 궁극적인 목적은 온전한 구원에 이르기 위함이었다. 물러섬과 포기 혹은 분리detachment는 '무엇으로부터'가 중요한 것이 아니라 '무엇을 위한' 것인지가 중요한 것이다. 단순한 금욕이라면, 다른 종교나 철학을 통해서도 얼마든지 가능하기 때문이다. 히포의 어거스틴Augustine of Hippo, c.354–430의 고백처럼 하나님께서는 당신 자신으로부터 인간을 만드셨기에 인간은 그 창조주의 품에 안식하기까지는 결코 안식할 수가 없는 존재다.[35] 그런 점에서 물러섬을 통해 하나님을 향해 나아가는 방향성은 피조물 된 인간 모두가 지향해야 할 근원적 태도라 할 수 있다.

사막의 교부 닐루스는 "가서 당신의 소유를 모두 팔아 그것을 가난한 이들에게 나누어 주고 십자가를 지고 자기 자신을 부인하시기 바랍니다. 이렇게 하면 분산됨 없이 기도에 전념할 수 있을 것입니다"라고 가르쳤다.[36] 모든 것에 대한 애착으로부터 물러나려는 것의 궁극적인 목적은 분심 없는 기도를 통해 하나님께로 깊이 나아가기 위함이었다. 이처럼 사막의 교부들은 단순히 사람들에 대한 혐오나 복잡한 세상살이로부터 벗어나 목가적 삶을 살아가기 위해 모든 것을 내려놓고 사막으로 물러났던 것이 아니었다. 그들의 물러섬은 하나님과의 깊은 연합을 이루기 위한 최선의 삶으로의 선택이었으며, 더 나아가 이웃을 향한 더욱 확장된 자리를 위한 것이었다. 7장에서도 살펴보겠지만, 타인을 향한 진정한 개방성openness은 역설적이게도 집착이 아닌 물러섬과 여백의 폐쇄성 closeness을 통해 이루어 지는 것임을 이들 사막의 교부들의 삶과 가르침을 통해 확인 할 수 있다.

안토니의 영적 여정도 이런 맥락에서 처음에는 마을 주변에서 수덕 생활을 시작했지만, 점차 더 깊은 사막inner mountain으로 들어가는 방향성이 보인다. 그러나 시간이 갈수록 물리적으로는 더 깊은 독거의 자리로 나아갔지만, 안토니의 영성은 내면적으로는 사람들에 대한 더욱 풍성한 환대의 삶으로 확장되어 갔다. "우리의 삶과 죽음은 이웃과 함께 합니다. 우리가 형제를 얻으면 하나님을 얻는 것이고, 형제를 분노하게 만들면 그리스도께 죄를 범한 것과 같습니다."37 아타나시우스가 전하는 안토니의 생애에는 이같은 이웃과의 교류 가운데 "사막이 도시와 같았다"라고 표현할만큼 안토니의 수덕적 삶은 그 물리적 독거의 조건 속에서도 주변 사회와 이웃에게 큰 울림과 실제적 관계망을 형성했다.38

역사학자 피터 브라운은 고대 후기 로마제국 내에서의 리더십이 도시를 사랑하는 자에서 가난한 사람을 사랑하는 자로의 패러다임 전환이 일어난 점을 주목하는데, 이러한 변화의 중심에 그리스도인들이 있었으며, 특히 그 가운데 사막의 교부들이 중대한 역할을 했음을 언급하고 있다.39 사제로 임명되기를 거부한 한 사막의 수도사는 그 자신은 수덕적 삶으로 궁핍함 가운데 살면서도 언제나 가난한 자들의 육체적, 영적 필요를 채워주는 삶을 살았던 내용이 전해진다.40 팔리디우스가 전하는 이 이야기는 브라운의 이론을 뒷받침하는 많은 예들 가운데 하나라 할 수 있다. 사막의 교부들은 이웃에 대한 단순한 환대를 넘어, 그 사회가 돌보지 않던 약자들에 대한 보호자 역할을 자처했음을 확인할 수 있다.

알렉산드리아의 마카리우스의 일화는 사막에서의 수덕적 삶의 목적이 도시의 이웃들을 영적으로 견고히 보호하는 것이었음을 단적으로 보여주고 있다. 사막으로 물러나와 수덕적 삶을 살아가는 것이 더이상 현실적이지 못하다고 판단하여 떠날 작정을 한 수도사가 마카리우스를 찾아가 도움을 청하는데, 마카리우스는 다음과 같이 답하고 있다. "저는 이곳에서 성벽을 떠받치고 있을 테니, 그리스도를 위해 그 생각을 말해 보시기 바랍니다."[41] 마카리우스는 사막이 그 사회와는 무관한 변방이 아닌, 외부 적들의 공격으로부터 그 성벽이 무너지지 않도록 떠받치는 최전선이라는 사실을 몸소 보여 주고 있다. 초기 순교자들에게 순교가 단순히 자신의 양심을 지킨 행위가 아닌, 당대의 다른 믿는 그리스도인을 위한 선택이었던 것처럼, 수덕적 삶의 방식을 통해 순교적 삶을 이어 나갔던 이들 사막의 교부들 역시 그 시대를 살아가는 사람들의 영적 보호자, 혹은 그들을 위한 의도적intentional이고 대안적 공동체를 이루어 살아간다는 사명의식을 품고 있었다.

따라서 사막에서 경험하는 모든 유혹과 시험은 사막의 수도자 한 개인의 사적인 경험이 아닌, 모든 인류가 직면하는 시험을 대신한 것으로 사막의 교부들은 타인에 대한 수용성과 환대의 한 방식으로 이같은 분투에 참여했다고 봐야 할 것이다. 마카리우스가 사막의 수실이라는 제한된 공간에서 악한 생각들logismoi과 대적하는 "쉬지 않고 드리는 기도"살전5.17를 도시의 "성벽을 떠받치는" 행위로 인식한 것도 같은 맥락이다. 그런 점에서 사막의 영성은 오늘날의 번영신학적이거나 종교적 소비주의에 물든 탈육신적 신앙이 아닌, 인류애와 급진적 환대에 뿌리를 둔 성육신적 예수를 닮은 자기비움의 케노시스적인 영성빌2.5-11이라 할 수 있다.

토마스 머튼은 이같은 성육신적 수도사의 소명에 대해 맑시스트의 그것과 어떻게 다른지에 대해 비교한 바 있다. 맑시스트는 사회 개혁적인데 반해, 수도사는 인간 의식의 변화를 추구한다. 수도사는 "일반적인 사회구조의 변방에서의 삶, 그 자유와 분리된 삶으로 부르시는 하나님의 참된 부르심에 응답하는 자이다."[42] 이같은 삶의 운동성은 사막 교부나 수도사에게만 국한되지 않을 것이다. 현대 사회에서 모든 그리스도인의 부르심은 단순히 생존이 아닌 예언자적 삶으로의 초청이다. 죄악된 세상과의 팽팽한 긴장감을 조성하는 예언자적 삶 속에서 순교자적 삶의 가능성이 있는 것이지, 생존 자체가 목적인 삶에서는 순교자라는 단어는 박물관 속에 쳐박히고 만다. 그러나 오늘날 우리는 생존과 안위를 위해 너무도 분주하다. 예언자적 운동성을 잃은 오늘날 그리스도인들의 열심은 자칫 하나라도 잃지 않겠다는 집착이며, 내일을 위한 빡빡한 일정은 여전히 내가 모든 일을 다 할 수 있다는 착각이 되기 쉽다. 머튼이 간파한 것처럼, 전적인 인간의 변혁radical human transformation은 변방에서 온전히 이루어진다. 중심 혹은 중심에 대한 콤플렉스를 안고서는 온전한 변혁을 이룰 수 없다. 끊임없는 타협, 절충, 안주, 나태acedia가 마치 정상적이고 현실적인 그리스도의 제자됨의 모습으로 하향 조정된 자리에서 기독교 영성은 기껏해야 장식품에 불과하다.

자발적 유배

오직 하나의 금언만이 전해지는 사막의 교부 앤드류는 수도사에게 합당한 세가지 훈련을 "유배, 가난, 침묵 중 인내"라고 설명한다.[43] 특히 여기서 눈길을 끄는 단어는 유배다. 사람들로부터 물러서는 일을 도피가 아닌 유배로 이해하는 수도사의 자의식이 인상적이다. 흔히 도피가 자의적이라면, 유배는 죄인에 대한 귀양으로 자유로운 출입과 이동을 제한하는 타의에 의한, 외부적 힘에 의한 강제성과 그로 인한 수동성이 내포된 용어다. 사막의 교부들은 자신들의 사막으로의 물러섬을 "자발적 유배"로 인식했다.[44]

자발적 유배xeniteia는 다른 사람들과 함께 하면서도, 동시에 그들과 함께 하고 있지 않는 상태를 의미 한다. 숲을 이룬 나무들은 함께 하지만, 각각의 나무가 서로 신경 쓰지 않고 오로지 햇빛만을 바라고 자라나는 것과 같은 상태라 하겠다.[45] 이처럼 수덕적 삶을 이유로 단호히 다른 사람과 구별된 삶을 살아가는 사막의 수도사들의 자의식은 자발적 유배자의 모습이다. 그것은 타인에 대한 업신여김을 의미하지 않는다. 거꾸로 그것은 타인에 대한 지나친 의식과 애착에서 자유하기 위함이다. "많은 사람들에 대한 애착으로부터 스스로 경계하기 바랍니다. 자칫하면 당신의 영이 산만해져서, 내적 평화가 깨어질 수 있기 때문입니다."[46]

자발적 유배는 활동주의와 허영심에 빠지기 쉬운 펠라기우스적 그리스도인들에게 필요한 자의식이다. 남을 지나치게 의식하는 삶은 우리 영혼에 해롭다. 특히 우리의 집중력을 분산시키는 문화 속에서 우리는 쉽게 다른 사람의 필요를 명분으로 갓길로 빠지곤 한다. 이에 반해 사막의 교부들은 하나님과의 깊은 교제를 이루는 그들의 수덕적 삶 가운데 사람들의 필요로부터 자유로웠다. 바구니가 필요했던 한 형제가 사막의 교부 요한을 찾아와 그 수실 문을 두드린다. 이에 밖으로 나온 요한은 형제를 위해 그가 이미 만들어 놓은 바구니를 가지러 안으로 들어갔는데, 그새 밖에서 기다리는 형제를 잊은 채, 그대로 앉아 손노동바구니 짜기을 통한 묵상을 계속 이어 나갔다. 형제가 다시 문을 두드려 요한을 불러내고, 형제는 바구니를 줄 것을 다시금 요청했다. 그런데 요한은 다시 들어가서는 또다시 밖에서 기다리는 형제는 까마득히 잊고 앉아서 바구니를 계속 짜기 시작했다. 형제가 재차 문을 두드리자 요한은 밖으로 나와 무엇을 원하는지 묻는다. 바구니를 달라는 형제의 요청에 요한은 형제를 이끌고 안으로 들어가더니 "바구니를 가지러 왔으면 당신이 직접 가져가시기 바랍니다. 제게는 시간이 없기 때문입니다"라고 답한다.[47] 요한의 이같은 행동은 그가 무책임하다거나 무심하다는 것을 의미하지 않는다. 오히려 타인의 말에 쉽게 동요하지 않는 수도사의 깊은 평정심apatheia을 보여준다. "타인을 환대하는 것보다 환대를 받는 편이 더 낫습니다"고 권면한 교부 제임스의 금언의 진의 역시도 설익은 환대와 선행이라는 활동주의에 빠져 수덕적 삶에 뿌리내리지 못하는 수도사들에게 차라리 연약한 모습으로 겸손히 자발적 유배의 자리에 머물러 있는 일의 중요성을 강조한 것이라 할 수 있겠다.[48]

물러서는 일은 그 비장함만큼이나 당장이라도 그 물러섬의 자리에서 떠나고 싶은 온갖 유혹들이 끊임없이 찾아오기 때문에, 사막의 교부들과 교모들은 항상 자발적 유배라는 자의식을 가지고 물러섬의 자리에 굳건히 뿌리내리기 위한 삶에 전념했다. 현대의 그리스도인들이 그 끊임없는 활동성으로 신자됨을 증명하려고 하는 펠라기우스주의자가 아니라 진정 하나님의 은총에 의해 살아가는 어거스틴적 신앙의 후예임을 입증하기 원한다면, 자발적 유배자라는 자의식 가운데 독거의 자리에서 오랜 순종과 인내를 배워야만 할 것이다.

단순한 삶

더욱 분주하고, 소비주의적이며, 정보과잉의 시대를 살아가는 오늘날처럼 단순한 삶이 절실한 시대는 없을 것이다. 사막의 교부들과 교모들은 단순성을 그들의 삶을 개선시킬 특수한 영적 훈련으로 보지 않았다. 오히려 그들에게 단순성은 다른 모든 사막의 영적 훈련들이 자라나는 토양과도 같다. 이 단순성의 토양 위에서 수도사는 하나님을 향해, 그리고 다른 사람들을 향해 자라난다.

사막의 교부 에바그리우스는 다음과 같은 세라피온이라는 형제의 이야기를 전한다. 그는 성경 외에는 아무 것도 소유하고 있지 않았는데, 그마저도 가난한 사람들을 구제하기 위해 팔아버리며 다음과 같은 인상적인 말을 남겼다. "저는 저에게 명령하신 그 말씀에 따라 그 말씀이 기록된 책- '네가 온전하고자 할진대 가서 네 소유를 팔아 가난한 자들에게 주라' 마19.21a-조차도 팔았습니다."**49** 영적 도구들마저 인간의 사욕을 채우기 쉬운 세상에서 세라피온의 이야기는 사막의 수도사들이 보여주는 단순성의 깊이를 명료하게 보여준다. 단순성은 끊임없이 더 가지려 하는 해갈될 수 없는 욕망에 대한 유일한 해독제이다.

　　물러섬은 궁극적으로 단순한 삶의 여정으로의 초대이다. 사막의 수도사들은 그들이 살아가던 도시와 마을로부터 물러나 단순한 삶을 추구했다. 그들은 동굴, 버려진 요새 혹은 마을, 절벽 기슭에 만들어진 무덤을 이용하거나 평지에 수실을 만들어 머물렀다. 수실을 만드는 재료로는 지역마다 조금씩 달랐지만 돌, 진흙, 나무, 밧줄 등이 주로 사용되었다. 독수도사들의 수실은 초기에는 하나의 방으로 구성된 집이었지만, 점차 수도사들이 외부인들에게 알려지면서 방문객들을 맞이하기 위한 공간과 기도실을 구분한 2개의 방 구조가 일반화 되었다. 이는 독거와 환대 사이에 균형을 이루려 했던 수도사들의 고심이 베어난 수실 구조라 할 수 있다. 수실은 누구나 찾아올 수 있었고, 일부 수사들은 그 문을 열어둔 채로 지내기도 했지만, 침실과 기도실로 사용되는 안쪽 방은 외부인들이 들어오지 못하도록 하였다. 그리고 수실에는 갈대로 만든 매트 하나만이 깔려 있거나 경우에 따라 테이블이 있었다고 전해진다.**50**

수실의 단순성은 의복과 음식의 단순성으로 이어진다. 사막의 교부 팜보가 "수도사는 벗어서 사흘 동안 수실 밖에 던져 놓아도 아무도 훔쳐 가지 않을 옷을 입어야 합니다"고 말할 만큼 사막 교부들과 교모들의 복식은 초라하고 단순했다.[51] 아가톤의 경우 그 옷이 너무 아름답지도 너무 남루하지도 않았기 때문에 찬사를 받았다고 전해진다.[52] 그러나 머지 않아 공주 수도사를 비롯한 독수도사들의 의복은 표준화 되었다. 표준화된 수도사들의 복장에 대한 상세한 설명은 존 카시안의 제도집을 통해 자세히 설명되고 있다. 카시안은 수도사들의 단순한 복장이 성경의 권위를 따라 엘리야와 세례 요한과 유사했음을 설명한다.[53] 카시안은 제도집의 첫장부터 수도사들의 복장에 대한 묘사를 세부적으로 할애하며, 허리띠, 겉옷, 두건, 콜로비움 팔꿈치까지 내려오는 아마로 짠 긴 옷, 띠, 마포르테스 목과 어깨를 가르는 옷, 염소 가죽, 지팡이 등에 대해 소개한다. 그에 따르면, 이집트 수도사들의 의복은 몸의 편리과 관련된 것이 아닌 행위와 규제와 관련된 상징적인 의미를 갖고 있으며, 무엇보다 단순함과 순진함을 보존하기 위한 목적임을 밝히고 있다.[54]

금식은 매일의 삶에서 사막의 단순성을 상징하는 영적 훈련이었다. 사막의 교부 존은 금식의 단순성이 주는 유익에 대해 다음과 같이 설명한다. "만일 왕이 적군의 도시를 점령하기 원한다면, 그는 무엇보다 적의 수로와 식량의 공급을 통제하려 할 것입니다.

그렇게 하여 적이 굶주림 가운데 그에게 굴복할 것이기 때문입니다. 육신의 정욕도 동일합니다. 만일 어떤 사람이 금식을 한다면 그의 영혼의 적들은 쇠약해 지게 될 것입니다."[55] 무명의 사막의 교부는 다음과 같이 경고한 바 있다. "당신이 먹는 음식의 양을 줄이거나 필요할 때만 먹도록 제한하지 않는다면 당신의 영혼은 결코 겸손해 지지 못할 것입니다."[56]

사막의 수도사들은 정기적으로 금식을 행했다. 보통 하루에 오후 3시까지 금식을 하거나 해가 저물 때까지 금식을 하는 이들도 있었다.[57] 교부 파에시우스는 "태양은 한번도 내가 독수도 생활을 하는 동안 음식을 먹는 모습을 보지 못했습니다"고 고백한다.[58] 극단적인 수도사들의 경우는 이틀 혹은 사흘씩 금식을 행하는 이들도 있었지만, 대부분의 사막의 교부들과 교모들은 극단적인 금식을 경계하며, 절제되며 적당한moderate식생활을 할 것을 강조했다. 예를 들어, 교부 메게티우스는 이틀에 빵 한개를 먹으며 금식생활을 하던 중 다른 교부들의 권면에 따라 매일 빵을 반 개씩 먹는 방식으로 수덕생활을 바꾸어 나감으로 안식repose을 찾은 것으로 전해진다.[59]

시리아의 수도사들에 비해 그 수덕적 삶이 온건했다고 평가받지만, 이집트 사막 수도사들의 식생활은 오늘날 우리들의 그것에 비한다면 여전히 가혹하다고 볼 수 있다. 보통 마른 빵 두 조각이 하루의 양이었다. *paxamas*라 불리우는 이 빵은 오븐에서 말림으로 사막과 같은 곳에서 오랜 기간 보존이 가능했다. 문제는 빵이 딱딱하다는 것인데 이를 위해 먹기 몇 시간 전에 물에 담가 두어야만 했다. 빵과 함께 사막의 수도사들은 매일 일정량의 소금을 섭취했다. 팔라디우스는 사막 수도사들이 빵과 함께 소금을 섭취하는 것은 성경적 상징성을 갖는다고 설명한다. "언행이 일치하지 않는 것은 소금을 치지 않은 빵과 같습니다.욥이 말한 것처럼그런 빵은 아무도 먹지 않으며, 혹시 먹는다 해도 먹는 사람의 몸을 해롭게 만듭니다. 욥은 '싱거운 것이 소금 없이 먹히겠느냐?욥6:6라고 말했듯이 행위로 증명되지 않은 공허한 말 속에는 무슨 맛이 있겠습니까?"60 그러나 소금은 이같은 상징성 이전에 사막이라는 혹독한 조건 속에 살아가는 이들의 생존을 위해서는 꼭 필요한 최소한의 섭취물이었다. 두 덩어리의 빵, 물, 그리고 소금이 주식이라 할 수 있는 독수도사들의 식생활은 파코미우스의 공주 수도원이 세워지면서 절인 채소, 콩 등이 더해지게 되었고, 방문객들이 찾아 올 때나 병든 형제가 있을 경우에는 언제든 금식을 멈추고, 그들을 위해 좀 더 풍족하고 영양가 있는 음식을 대접했던 것으로 전해진다.

단순한 삶은 소유하지 않는 삶이다. 사막의 교부 유프레피우스는 이같은 무소유의 단순성의 삶을 다음과 같이 표현한다. "짚을 먹고, 짚으로 만든 옷을 입고, 짚으로 만든 매트 위에서 주무십시오. 모든 것을 멸시하고 오직 쇠 같은 마음a heart of iron을 가지십시오."61 단순성은 쉽게 흔들리며, 오그라들며, 즉각적으로 반응

하며, 늘 주변 상황에 의해 요동치는 인간의 마음을 견고히 지켜준다. 짚을 먹고, 입고, 그 위에 자는 그 단순성이 사람들의 말이나, 새로운 상품이나, 누군가의 모난 행동에도 쉽게 동요되지 않는, 모든 것에서 초연할 수 있는 길을 훈련시켜 준다. 그리스도에 대한 정교한 교리가 이러한 삶을 살도록 이끄는 것이 아니라, 주님께서 몸소 보이신 자기를 비우신 케노시스*kenosis*의 삶을 사막의 수도사들과 같이 쫓아갈 때에 우리는 쇠 같은 마음을 소유할 수 있다.

쇠 같은 마음을 지켜내기 위해 사막의 교부들과 교모들은 지나치다 싶을만큼 의식적인 노력을 아끼지 않았다. 앞서 언급한 유프레피우스는 자신의 수실에 몰래 들어온 도둑을 내쫓기 보다는 수실에 있는 물건들을 다 가져가도록 그의 도둑질을 도와준다. 심지어는 도둑이 잊고 가져가지 않은 지팡이까지 직접 쫓아가 전해 준다. 이에 놀란 도둑이 지팡이를 받지 않으려 하자, 다른 사람을 길에서 만나거든 그 사람에게 주라고 하며 지팡이마저 건내 준다. 최소한의 소유마저 유혹이 되고, 집착이 되어 인간의 영혼을 괴롭힐 수 있기에 행여 그는 "만일 우리가 무언가를 잃게 되더라도 우리는 자신이 더이상 신경 써야 하는 것들로부터 얽매이지 않게 되었음을 깨닫고 기뻐하며 감사함으로 그 상황을 받아들여야 합니다"라고 권면한다.[62]

사막의 교부 헬라디우스는 켈즈에서 20년 동안 교회 지붕 높이 이상을 바라보지 않은 채 살았다고 전해진다.[63] 오늘날과 같이 고층건물이나 화려한 네온사인이라고는 전무한 황무한 땅에서 조차 헬라디우스는 일체 다른 것들에 초연한 삶을 살아가고자 그의 시선을 제한하며 겸손히 살아갔던 것이다. 이와는 반대로 나태 *acedia*의 유혹에 빠진 수도사들은 시간이 멀다 하고 수시로 창 밖을 하염 없이 바라보며 망상에 시달린다. 오늘날처럼 무익함을 넘어 해로운 볼거리들이 넘쳐나는 세상에서 무엇을 보느냐는 우리의 영성의 순도를 결정한다. 통제되지 않는 응시는 우리를 병들게 하기에 헬라디우스와 같은 바라봄의 단순성 역시 결코 지나친 것이 아니라 하겠다.

교부 이시도어는 수덕생활을 하며 만든 손 바구니를 팔러 마을 시장에 갔는데, 무슨 이유인지 마음에 화가 나기 시작한 것을 깨달았다. 이에 이시도어는 팔던 물건을 그대로 두고 그 자리에서 도망쳤다고 전해진다. 정념에 마음이 휩쓸리지 않게 하는 일. 그것이 이시도어에게는 가장 중요하고, 급한 일이었다. 물건을 팔러 와서도 그 실용성 앞에 자신의 정념을 굴복시키지 않았다. 앞서 살펴본 둘라스의 금언과 함께 이시도어의 금언은 볼거리, 먹을거리, 즐길거리 등으로 너무 많은 정보들과 물질주의의 끊임없는 유혹 앞에 살아가는 현대의 그리스도들이 내적 평화를 지켜내기 위해서는 사막의 수도사들과도 같은 단순성을 통해 명확한 제자도의 대가를 지불하면서 자발적 불편을 선택하는 삶을 살아야 한다는 사실을 일깨워준다.

위에서 살펴본 사막 수도사들의 의식주와 그 삶을 통한 단순성은 궁극적으로 내적 단순성을 이루기 위한 것이었다. 이는 바울이 보여준 내적 단순성과 통한다. 내게 능력 주시는 주님 안에서 내가 모든 것을 할 수 있다고 고백빌 4:13했던 바울의 진의는 그가 주님으로부터 전수받은 모든 것을 할 수 있는 초능력이 아닌, 모든 상황 속에 머물 수 있는 내적 단순성에 대한 것으로 바울은 "어떠한 형편에든지 내가 자족하기를 배웠노니"라고 설명하고 있다. 바울이 배웠다 하는 내적 단순성은 결국 그가 그리스도의 고난에 참여함으로 그 죽으심을 본받는데까지 나아가도록 이끈다.빌 3.10 이처럼 바울 영성의 핵심은 단순성이다. 바울 서신은 종종 복음서에 비해 그 내용이 온건하다는 비판이 있는데 단순성의 렌즈로 바울 서신을 읽는다면 그의 메시지는 아주 강력하게 돋보인다. 그 어떤 조그만 형태의 자기 주장도 포기한 바울, 모든 인간적인 것들을 배설물로 여긴 바울, 내 안에 사시는 분은 내가 아닌 그리스도라고 고백하는 바울. 이 모든 바울의 모습은 내적 단순성으로 구비된 영혼의 고백이라 할 수 있다. 결국 서신서의 문맥 갇혀 제대로 볼 수 없는 바울의 삶은 그 내적 단순성을 배우기 위해 평소 사막의 수도사들과 같은 수덕적인 삶의 단순성을 이루며 살았을 것이라 어렵지 않게 상상해 볼 수 있다.

훗날 누구보다 하나님 앞에 그 삶의 단순성을 온전히 이루며 탁발 수도사로 살았던 아씨시의 프란시스코Francis of Assisi, 1182–1226

는 단순성을 깨뜨리는 소유욕에 대해 다음과 같이 경고한 바 있다. "만일 우리가 어떠한 소유물들을 갖고 있다면, 우리는 그것들을 보호하기 위해 무기를 짊어 들어야 할 것입니다. 소유는 언쟁과 불화의 불씨가 되기에 다방면으로 우리는 하나님 사랑과 이웃 사랑에 방해를 받게 됩니다." 단순해진다는 것은 모든 속박과 통제로부터 자유롭게 되어 하나님만 바라보는 상태를 의미한다. 그리스도인의 단순성은 하나님이 진정 참된 하나님이 되시며, 모든 삶의 영역에서 하나님께 순복하는 삶의 모습이다. 사막의 교부들과 교부들은 아무 것도 가지지 않았기 때문에 그 어떤 것을 잃는 것에 대해 두려워 하지 않았다.[64] 그런 점에서 단순성을 통한 우리 삶에 대한 자발적인 가지치기는 우리 삶의 망상, 상처, 보복심, 허위, 분노, 허영 등의 불필요한 요소들을 제거하도록 만들고, 궁극적으로는 우리의 존재 자체를 내려놓게 만듦으로 하나님과 이웃을 향한 겸손한 삶으로 이끌어 줄 것이다.

아포타게apotage

단순한 삶은 영원히 정리되지 않을 것만 같은 복잡한 삶을 살아가는 현대인들의 바램이지만, 그 길이 말처럼 쉽지 않다. 소비주의 시장은 그런 단순한 삶조차도 또다른 소비를 통해 획득 할 수 있는 것처럼 '심플 라이프' 라는 상품으로 유혹하고 있다. 그러나 그렇게 구입한 단순한 삶을 위한 상품들은 우리의 삶을 결코 단순하게 만들어 주지 않는다. 이미 더이상 놓아둘 곳이 없이 가득 찬 수납공간 앞에선 말이다.

사막의 교부 마카리우스는 그가 음식을 먹을 때나 금식할 때나 그의 몸이 달리 영향을 받지 않는 이유에 대해 묻는 다른 교부들의 물음에 다음과 같이 답한 바 있다. "포도나무 가지를 태울 때 사용하는 작은 나무토막도 결국 완전히 불에 타버리는 것과 마찬가지로 사람이 하나님께 대한 경외심 가운데 그 영혼을 깨끗하게 하면, 하나님께 대한 경외심이 그의 몸을 모두 태워 버립니다."[65] 하나님께 대한 경외심 속에 사는 삶은 그 몸이 더이상 많고 적음에 연연하지 않는 단순하고 해방된 상태를 이룬다는 사실을 일깨워주고 있다.

자기가 가진 소유를 가난한 이웃에게 나누어 준 한 군수가 있었다. 그러나 모든 것을 다 버린 후에 임할 치욕과 수도원 규칙에 성실히 복종하기를 원치 않았던 그는 자신의 몫을 일부 남겨 둔다. 이 사실을 안 교부 바실은 그에게 "당신은 관직을 잃었지만 수도사도 되지 못했습니다"라고 책망하였다.[66] 물러섬 가운데 독거의 자리를 형성하며 살아간다 해도 하나님 앞에서 나를 태워 버리는 본연의 목적을 잃고, 축척과 잉여에 연연하게 된다면, 제아무리 사막 한 가운데 거한다 한들 우리는 결코 하나님과 이웃을 향한 바른 자리를 갖지 못하게 될 것이다.

무관심, 분리, 초연 등으로 번역될 수 있는 헬라어 아포타게

*detachment*는 수도사들의 물질적 포기와 세상으로부터의 물러섬을 통한 삶의 단순성을 심화시키는 내적 단계에 대한 말이다.*67* 아르세니우스와 같은 사막 교부들이 언급했던 "사람으로부터 피하라"는 권면이나 자발적 유배에 대한 자의식이 궁극적으로 지향하는 바는 물리적, 공간적 물러섬이 아닌 아포타게의 내적인 물러섬으로의 초대라 할 수 있다. 교모 신클레티카는 단순한 물리적인 물러섬이 아닌 무관심과 초연을 이루는 수덕생활의 중요성에 대해 다음과 같이 경각심을 준 바 있다. "산에서 살면서 세속 사람처럼 행동하고 세월을 허송하는 사람들이 있습니다. 많은 사람과 살면서도 마음으로는 은수사가 될 수 있으며, 은수사이면서도 많은 생각 속에서 살 수 있습니다."*68*

물러섬은 세상과 물리적인 거리 두기나 이웃으로부터 떨어져 홀로 골방에 들어가는 것으로 완성되지 않는다. 복잡한 도시 속에서 생활하는 가운데도 초연함으로 수덕적 삶을 살아갈 수 있으며, 거꾸로 아무 것도 없는 사막에서도 여전히 집착과 망상을 떨쳐버리지 못한 채로 살아갈 수 있는 것이다. 내면적인 물러섬이 이루어지지 않는 한, 외적인 물러섬의 행위들은 아무 효력을 갖지 못한다. 진정으로 우리를 해롭게 하는 것은 무언가를 소유하거나 사람들과 어울려 사는 것 자체가 아닌, 물질과 사람들에 대한 집착 attachment에 있다.

그러나 아포타게는 사물이나 사건, 사람들에 대해 단순히 무심하며 돌보지 않는 않는 상태를 의미하지 않는다. 오히려 아포타게는 집착하지 않는 가운데 모든 것을 있는 그대로 볼 수 있는 마음의 상태를 의미한다.69 아포타게를 통해 사막의 수도사들은 세상과 사람들을 외면하는 것이 아니라 투명transparency하게 보는 법을 배운다. 이같은 투명성은 관계 속에서의 신실함과 물질 소유에 대한 보다 섬세한 감수성을 갖고 살아가도록 도와준다.70 더 나아가 아포타게는 하나님께서 창조하신 모든 것을 그 본래의 의미와 가치대로 바라볼 수 있는 마음을 훈련시킨다. 물리적인 물러섬과 내적인 물러섬을 통한 일정한 거리두기에 의해서 사막의 수도사들은 비로소 왜곡되고, 때론 눈먼 그들의 영적 시력을 그리스도 안에서 되찾았다. 아포타게를 통해 인간은 세상에 대한 무책임의 정당성을 취하는 것이 아닌, 나 자신과 이웃과 세상, 그리고 하나님께 대해 왜곡된 관점을 교정하고, 보다 온전한 돌봄의 자리를 찾아가는 것이다.

아포타게의 물러섬을 통해 이러한 영적 회복을 추구했던 사막의 교부들은 종종 별난essentric사람들로 취급 받았다. 헬라어로 별나다는 말은 *ekkentros*에서 유래한 말로 중심kentron에서 벗어나 다ek는 의미를 갖는다. 변방에서 살았던 사막의 교부들은 말 그대로 중심에서 벗어난 자들이었다. 그러나 문제는 그 중심이 오히려 비정상일 경우이다. 안토니는 사막교부들의 별남에 대해 다음과 같이 말한다. "장차 사람들이 미치는 때가 올 것입니다. 그때 사람들이 미치지 않은 온전한 사람을 만나면 '너는 우리와 같지 않은 것을 보니 미쳤다' 라고 말하며 공격할 것입니다."[71] 하나님 나라의 가치와 제자도를 잃고 살아가는 세상의 주류와 그 중심에서 물러 선다는 것은 그 잘못된 중심에 선 사람들 편에서만 별난 것일 뿐이다. 중심이 대안이 되지 못하는 사회에서는 오로지 변방만이 창조성과 미래의 희망을 담보한다. 사막의 교부들은 이같은 정황에서 아포타게의 물러섬을 통해 자발적으로 변방성을 취하고, 그 변방에서 새롭게 그 사회가 잃어버린 하나님이 원하시는 중심성을 되찾는 운동을 이어간 것이다. 진정한 고독은 세상이 필요로 하는 것을 깊이 깨닫는 것이지 세상을 멀리하는 것이 아님을 강조한 토마스 머튼의 말처럼, 아포타게의 물러섬은 표면적 기대치를 쫓아 살아가는 그리스도인들에게 그 난비하는 활동성을 중단하고, 하나님 나라와 그 의를 온전히 쫓는 삶으로 살아갈 수 있게끔 도와준다.[72]

외로움을 넘어

활동성의 과잉으로 성과 주체가 되어 살아가는 고단한 현대인들은 외롭고 고단하다. 숨막히는 외로움을 잠시도 견딜 수 없는 그들은 그 외로움을 달래줄 성급한 해결책들에 곧잘 의존한다. 미디어와 인터넷, 혹은 게임 등에 의존하거나 타인에 대한 망상 가운데 상대방이 나의 외로움을 해결해 주기만을 기대한다. 그러나 그러한 관계는 강박적 집착을 초래할 뿐, 내면의 외로움은 결코 사라지지 않는다. 오늘날 다양한 중독자들이 늘어나고 있는 상황은 이같은 외로움의 문제와 무관하지 않을 것이다. 그런 점에서 사막의 교부들과 교모들이 보여준 독거의 훈련은 단지 수도원에서만 지켜져야 할 케케묵은 훈련이라 할 수 없다.

변화와 창조를 위해서는 외로움이라는 대가 필요하다. 하나님과의 관계 역시 마찬가지다. 역사적으로 기독교 영성은 이 외로움이라는 배경 속에서 꽃을 피워 왔다. 외로움이라는 풍경이 부재한 기독교 영성은 거짓이며, 탁상공론에 불과할 것이다. 하나님과의 만남은 홀로 됨과 깊은 외로움을 동반한다. 기도가 어려운 이유 역시 기도 자체의 까다로움이 아닌, 내가 홀로 하나님께 나아가는 그 외로움을 견디기 힘들기 때문일 것이다. 이에 외로움에 대한 바른 대면이 중요하다. 외향성이 강조되는 우리 사회에서는 빈번히 외로움은 부끄럽고 열등한 것으로 치부되고 있기에 더욱 그러하다.

한국 교회는 성도들에게 독거에 대해 어떻게 가르치고 있는가? 기존의 가족 중심의 소그룹 모임 가운데 홀로 살아가는 이들을 소홀히 대하고 있지는 않은가? 교회로 모이기에 힘쓰라 재촉하면서 외로움과의 대면을 부정하며 살도록 부추기고 있지는 않은가? 혼자 사는 것은 "틀린 것"이라는 편견 가운데 새로운 가구 형태인 혼삶족에 대한 관심이 부재한 것은 아닌가? 그러나 포스트 코로

나 시대의 개신교는 더이상 무조건 모이기에 힘쓰라고만 강요할 수 없게 되었다. 포스트 코로나 시대와 같은 위험 사회를 살아가면서 개신교는 사회적 거리두기가 필요한 삶의 자리에서도 성도들 스스로가 하나님 안에서 독거하며 머물 수 있도록 돕는 목회가 필요하다. 외로움을 대면하기 싫어서 늘 수많은 업무, 미디어, 사람들, 소비생활 등과 같은 분주한 활동성 속에 자신을 가두어 두려는 성도들에게 그같은 강박과 집착에서 벗어나 자발적 유배와 아포타게의 단순한 삶으로 하나님 안에서 깊은 독거를 맛보도록 이끌어 주는 깊은 영성의 지역 교회가 되어 주기를 소망한다.

성찰과 토론

1. 사막의 수도사들은 도시를 떠나 사막으로 물러났다. 그러나 그 물러섬은 세상에 대한 부정이 아닌 세상에 대한 긍정으로서의 물러섬이었다. 그것은 어떤 의미인가? 개인적으로 세상에 대한 긍정으로서의 물러섬의 순간이 있었다면 그 때의 나의 마음과 하나님의 자리, 타인의 자리 등에 대한 경험을 나누어 보며, 하나님은 우리의 그런 물러섬의 시간을 통해 어떻게 일하셨는지 확인해 보자.

2. 사막의 교부들과 교모들은 자발적 유배를 통해 자율적으로 그들의 삶을 제한하고 통제하는 삶을 택했다. 많은 애착으로부터 스스로를 경계하는 그들의 훈련에 대해 현대의 소비주의 문화 속에 길들여진 나 자신과 공동체가 택할 수 있는 자발적 유배는 무엇일지 서로 이야기를 나누어 보고, 소그룹 안에서 함께 실행할 수 있는 것들을 함께 구상해 보자.

3. 나는 현재 외로운가? 나는 그 외로운 시간을 어떻게 보내고 있는지 스스로의 삶을 솔직히 성찰해 보자. "영적 삶을 살아간다는 것은 무엇보다 먼저 내 자신의 외로움을 직면할 수 있는 용기로부터 시작된다"는 말에 동의한다면, 외로운 나의 시간을 어떻게 보내는가는 나의 영적 성장을 위해 무엇보다 중요한 질

문이라 할 수 있다. 그 외로움으로부터 벗어나기 위한 집착과 애착의 대상들을 내려놓고, 그 시간이 온전히 하나님을 깊이 아는 시간으로 쓰여질 수 있도록 나의 일과표를 재점검하고 단순화 하는 시간을 갖도록 하자. 그리고 이에 대해 소그룹 혹은 최소 한 명의 지체와 나눔을 갖고 함께 외로움의 시간을 건강하게 보낼 것을 격려하며 기도해 주자.

4. 참된 영적 지도자는 무엇을 하라고 가르치고, 어디로 가도록 충고하는 자가 아니라 머무름의 기회를 주며, 그 독거의 자리에서 스스로를 대면하는 위험을 감수하도록 이끌어 주는 사람이라고 했다. 당신의 경우는 어떠한가? 당신은 당신의 지체들성도, 자녀, 배우자, 친구 등에게 그런 독거의 자리를 선물하고 있는가? 만일 그렇지 못하다면, 가장 큰 이유는 무엇인가? 본 장을 읽고 리더로서의 당신이 앞으로 지향해야 할 리더십에 대해 함께 이야기 해 보자. 당신이 소그룹의 리더라면, 소그룹 안에서 솔직히 나누어 보길 바란다

3장 * 침묵

"항상 고요에 기여하는 것을 선택하십시오."*73*

(에바그리우스)

내가 진실로 진실로 너희에게 이르노니

한 알의 밀이 땅에 떨어져 죽지 아니하면 한 알 그대로 있고

죽으면 많은 열매를 맺느니라. (요12.24)

죽기 싫은 자아

우리에게 익숙한 요한복음 12장 24절은 그리스도의 제자로서 희생적 삶, 순교적 삶을 살아가야 함을 가르쳐 준다. 그래서 곧잘 우리는 "내가 한 알의 밀알이 되겠다"는 표현을 하곤 한다. 어떤 중대한 사안에 대해, 하나님과 사랑하는 공동체를 위해 기꺼이 내 자신을 내어놓겠다는 각오라 할 수 있다. 오늘날 많은 이들이 밑줄을 긋고, 암송하는 익숙한 본문이지만, 그 진의와는 다르게 본문은 더욱 자신의 의지와 통제권을 고집하며 어떤 뜻을 관철시키겠다는 결사의 각오로 변질되는 경우가 많다. 뿐만 아니라 대승적 차

원에서의 명분 있는 헌신과 희생이라면 기꺼이 하겠지만, 평범한 일상 속에서는 결코 밀리지 않겠다는 이중성으로 적용되는 본문이기도 하다.

그러나 한 알의 밀이 열매를 맺기 위해 땅 속에 묻혀 있는 모습이 갖는 진정한 의미는 죽음이 아닌, 기다림 가운데 변형을 이루는 모습이다. 햇살이 보이지 않는 컴컴한 흙더미에 묻혀 발아의 시간까지 고요히 기다리는 그 모습이야말로, 분주함 가운데 기다리지 못하는 즉흥성과 과도한 활동성에 빠져 있는 현대의 그리스도인들이 본받아야 할 모습인 것이다. 따라서 한 알의 밀알이 되겠다는 다짐 속에서 오히려 더 번뜩이는 자아의 욕망은 본문의 진의 가운데는 깃들 자리가 없다. 발아를 기다리는 그 시간에는 오직 짙은 침묵만 있을 뿐이다.

하나님은 고요하시다. 하나님의 언어는 침묵이라 할 수 있다. 겸손은 피조물인 인간이 취해야 할 태도이기 이전에 하나님의 성품이시다. 창조주 하나님은 문제투성이인 당신의 피조물을 억지로 이끌지 않으시고, 오히려 손님으로 오셔서 조용히 문을 두드리시며, 기다리신다. 그런 하나님께서 가장 잘 들으시는 언어 역시 고요한 사랑이다. 가장 아름다운 사랑은 말없이 함께 거하는데 있다. 아무 것도 구하지 않고, 내색도 않고, 그저 곁에 머물러 주는 이의 모습. 이기심과 허영심에 물든 현대사회에서 이같은 고요한 사랑은 흔치 않다. 대의명분을 위해 자신을 내어놓는 일을 가치있게 여기지만, 죽은 것처럼 침묵하며, 기다리는 일상생활 속에서의 밀알 되기는 꺼리는 현대의 그리스도인들 앞에 사막의 교부들은 침묵이야말로 인간을 하나님 앞에 변형시키고 성장케 하는 토양이 됨을 일깨운다. 사막의 교부들은 침묵을 영적 성장을 이루기 위한 핵심적 요소로 여겼다. 사막으로의 자발적인 물러섬은 침묵이 없이는 어떤 의미도 갖지 못한다.

침묵을 지켜내기 위한 삶

스케테 사막으로 물러나 독거의 삶을 최초로 이루었던 마카리우스가 하루는 스케테의 형제들에게 도망칠 것을 권면 하였다. 당황한 한 형제가 이 사막에서 어디로 더 도망을 칠 수 있는가라고 물었다. 이에 마카리우스는 그 손가락으로 입을 가리키면서 "이것으로부터 도망치란 말입니다"라고 답하고는 수실로 들어갔다.[74] 제 아무리 고적한 사막으로 물러난다 해도 말이 많은 자들은 세상을 포기 하지 않는 법이다. 참된 물러섬과 독거를 위해 침묵은 핵심적인 역할을 한다. 사막의 교부들은 영적 삶의 진보를 위해서는 침묵을 지켜내는 일을 무엇보다 중요하게 여겼다.

안토니는 사막에서 독거를 통해 듣는 것, 말하는 것, 보는 것으로부터의 싸움에서 해방될 수 있다는 사실을 강조한다.[75] 듣는 것과 말하는 것과 보는 것은 외부적 환경을 인지하는데 있어서 중요한 감각기관이지만, 역설적으로 보이지 않는 하나님을 인지하고 경험하는데 있어서는 걸림돌이 되는 경우가 많다. 사막의 교부들은 독거의 자리에서 외부적 환경과의 분리를 통해 하나님을 향한 주의집중을 이루었다. 특히 사막 교부와 교모의 침묵은 하나님과의 연합을 위한 기도와 평정심*apatheia*의 자리로 이끄는데 있어서 중요한 훈련이었다.

3년 동안 돌을 입에 물고 지내면서 마침내 침묵을 배웠다고 전해지는 아가톤은 "혀를 절제하지 못하는 것만큼 나쁜 것은 없습니다. 그것은 모든 정념의 어미이기 때문입니다. 그러므로 선한 일꾼은 비록 수실 안에서 은자로서 살아가고 있더라도 그것을 사용해서는 안 됩니다" 라고 엄중히 경고하고 있다.[76] 경건하지 못한 자는 그 몸이 죄의 원상이 되지만, 의인의 경우 그 입으로 죄를 범하는 경우가 많음을 강조한 에피파니우스는 이런 이유 때문에 다윗은 "여호와여 내 입에 파수꾼을 세우시고 내 입술의 문을 지키소서"[시 141.3]라고 기도했고, "나의 행위를 조심하여 내 혀로 범죄하지 아니하리니"[시 39.1]라고 다짐했던 것이라 일깨워 주고 있다.[77]

사막의 수도사들은 매일의 삶에서의 말, 대화, 각종 소음으로부터 물러나 침묵을 경험했다. "네 말로 의롭다 함을 받고 네 말로 정죄함을 받으리라"[마 12.37]는 말씀을 기억하는 사막의 교부들은 극도로 말하는 것을 절제하는 삶을 선택했다. 말의 자유가 인간에게 있지만, 그 말로 인한 막중한 책임 또한 그에게 있다는 사실을 알았던 사막의 교부들에게 침묵의 훈련은 한시도 게으를 수 없는 매일의 육적 훈련이었다. "압바 팜보는 세가지 육체 활동을 합니다. 그것은 날마다 저녁까지 음식을 먹지 않는 것, 침묵, 손노동입니다."[78]

이처럼 사막의 교부와 교모들의 영적 훈련의 중요한 도구는 침묵이었다. 그러나 이같은 설명만으로 사막의 영성에서 침묵이 갖는 의미를 충분히 담아내지 못한다. 그들에게 있어서 침묵이란 단순한 영적 훈련의 도구를 넘어, 그 자체가 사막에서 이루고자 하는 목표 그 자체였다. 이에 그들은 침묵을 지켜내기 위한 최선의 삶을 선택하고 일구는데 초점을 맞췄다. 에바그리우스의 권면은 이에 대한 좋은 예가 될 것이다. 동방정교회의 영적 문헌들의 모음집인 필로칼리아를 통해 "독거생활의 고요와 금욕에 대한 가르침"이라는 에바그리우스의 글이 전해지고 있는데, 다소 긴 이 권면의 글을 한마디로 요약하면 침묵을 지켜내기 위해 기꺼이 대가를 지불하는 선택적 삶을 살라는 것이다. "고요를 모든 것의 가치를 평가하는 기준으로 삼으며, 항상 고요에 기여하는 것을 선택하십시오."[79] 침묵하는 삶에 대한 에바그리우스의 절박함은 글을 통해 절절이 전해 진다. 고요의 길을 위해 도시를 떠나 사막으로 물러날 것을 권면하고 있고, 수실에 뿌리를 내리고 머물 것을 권면하고 있다. 침묵에 대한 에바그리우스의 권면의 백미는 다음에 있다. "지나치게 많은 사람들과 관계하지 마십시오. 자칫하면 당신의 지성이 산만해져서 고요의 길이 방해받을 것입니다."[80]

어떻게든 촌수를 늘리고, 친구와 팔로워를 키워나가는 것이 현대적인 성공적 삶의 기준이라 할 때, 에바그리우스는 이같은 오늘날의 기이한 습관이 갖는 영적 위험성을 적라하게 폭로한다. 그것은 지각의 산만함이며, 결국 침묵의 삶을 방해한다. 침묵을 지켜내기 위한 에바그리우스의 삶의 원칙은 이처럼 많은 경우 세상의 원칙과 충돌한다. "물건을 사거나 팔 때에는, 범죄하는 일을 피하기가 어렵습니다. 그러므로 거래를 할 때에는 약간 손해를 보는 편을 택하십시오…. 그렇게 하면 당신은 걱정하지 않고, 희망을 가지고 기쁘게 당신의 소명을 추구할 수 있습니다."[81] 여기서 에바그리우스가 우려하는 범죄는 단순한 물질과 돈에 대한 탐욕이 아니라, 그 이면에 하나님 안에서의 내적 고요함을 깨뜨리는 상황을 의미한다. 침묵을 희생하면서까지 집착attachment해야 하는 것이라면, 차라리 손해를 보더라도 서둘러 거기서 물러나는 것이 이롭다는 권면인 것이다.

너희는 가만히 있어

침묵은 사막으로의 물러섬과 독거를 온전히 이루기 위한 영적 훈련으로 소음, 말, 활동들을 일정 시간 동안 중단하는 가운데 하나님의 음성에 자기 자신을 더 잘 조율하도록 이끈다. 사막의 교부들과 교모들은 자신들의 말과 생각을 제한함으로, 하나님과 그들 자신, 그리고 타인을 향해 바른 사랑과 환대의 길을 찾는다. 시편 46편 10절은 이같은 침묵의 의미를 잘 반영해 준다. "너희는 가만히 있어 내가 하나님 됨을 알지어다." 여기서 "가만히 있다"를 뜻하는 히브리어 *rapha*의 본래적 의미는 "움켜쥔 것을 풀어주다"이다. 그 히브리 어원을 통해 볼때, 침묵은 단순히 말과 소음이 부재한 상태가 아니다. 그것은 평소 우리 자신을 위해 애착 내지는 집착하던 것들을 기꺼이 내어놓는 것을 포함한다. 다시 말해 나의 통제권 속에서 나의 관점, 의지, 정념에 의존하던 것을 내려놓는 것으로의 침묵이다. 이를 통해 우리는 하나님을 전적으로 새롭게 알게 된다. 고요한 영성은 단순히 지식적이고 정보적인 하나님에 대한 이해의 폭을 넓히는 것이 아닌, 나의 통제권을 내어 드림으로 이미 내 삶 속에 일하고 계신 하나님을 깊이 있게 만나는 자리로 이끈다.

이처럼 침묵은 인간의 통제권을 내려놓게 하는 독자성을 갖고 있다. 침묵이 존재하는 곳에서 인간은 침묵에 의해 관찰 당하고, 벌거 벗겨진다. 인간이 침묵을 관찰하는 것이 결코 아니다. 이 때문에 평소에 우리는 침묵의 시간을 두려워 하며 마지막 순간까지 어떻게든 피하려 한다. 내면의 실체가 드러나도록 이끄는 침묵은 외향성으로 자신을 포장하기에 급급한 세대들에게는 거추장스럽고 불편하기만 하다.

말만 존재하는 세상은 없다. 그러나 침묵만 존재하는 세상은 가능하다. 침묵은 그렇게 자기 자신 안에 모든 것을 가지고 있으면서 인간의 시간이 성숙하게 하는 토양이 되어준다. 이에 침묵의 훈련을 한다는 것은, 우리의 삶 가운데 침묵이 발전 하는 것이 아니라, 침묵 속에 우리의 시간이 성장하는 것이다. 이는 "마치 시간이라는 씨앗이 침묵 속에 뿌려져 침묵 속에서 싹을 틔우는 것 같다."[82] 침묵의 시간을 어떻게든 알차게 보내야겠다는 강박 가운데 있는 인간의 조바심 앞에 침묵은 이렇게 말하는 듯하다. 그저 내가 와 잠잠히 있으라고. 거기에 너의 시간의 씨앗을 뿌리라고. 거기서 너의 시간을 성장시키라고. 시편 46편 10절의 속내는 침묵 속에서 시간을 성숙시키며 거기서 시간의 주인이신 하나님을 알아가는 시편 기자의 고백에 있는 것이다.

어떻게 살아야 할지를 묻는 질문에 대한 사막의 교부 시소에스의 금언도 그런 점에서 시편기자의 고백과 일맥상통하다. "당신에게 필요한 것은 많은 침묵과 겸손입니다. 성경에 '그를 기다리는 자마다 복이 있도다' 사30.18라고 기록되어 있습니다."[83] 자신을 드러내려는 모든 생각과 말과 행동을 중단케 하는 침묵은 인간을 겸손히 그 본연의 피조물된 자리로 이끈다. 평소 침묵의 중요성을 강조한 시소에스는 그 삶으로도 침묵을 향해 나아갔다. 스케테에 너무 많은 수도사들이 몰려들게 되자, 그는 안토니가 사망한 후 그곳을 떠나 생전에 안토니가 수덕생활을 했던 안토니 산Inner mountain에 정착하여 27년 동안 거기서 지냈다고 전해 진다.

침묵, 하나님의 언어

384년 콘스탄티노플 감독직에서 은퇴를 하게 된 나지안주스의 그레고리는 ""나에게 사막을 달라, 나의 소박한 삶, 나의 하나님을!"이라고 호소하였다.[84] 4-6세기의 교회 사제들은 그레고리와 같이 사막에 대한 그리움을 마음 한 켠에 품은 채로 그 사역에 임했다. 그들이 그토록 사막을 그리워했던 이유는 단순히 사막이라는 물리적 지형 때문이 아닌, 사막에서 온전히 누릴 수 있는 침묵에 대한 갈망 때문이었다. 최초의 교황이었던 대 그레고리가 비잔틴 황제 마우리키우스의 여동생에게 보낸 서신에는 이같은 침묵에 대한 갈망과 고뇌가 절절이 잘 묘사되고 있다. "저는 평화와 침묵의 심오한 기쁨들을 상실했습니다. 외적으로는 제가 높은 자리에 올랐을지 모르지만, 내면적으로는 곤두박질치고 있습니다. 저는 창조주의 얼굴에서 멀어진 제 자신의 파열explosion이 개탄스럽습니다."[85]

하나님을 향한 갈망은 독거와 침묵을 사모하도록 독려한다. 하나님은 침묵 속에 거하시기 때문이다. 침묵은 "그 배후에는 창조주 자신 말고는 그것과 연관될 수 있는 것은 아무 것도 존재하지 않는" 원초성을 갖고 있다.[86] 이렇게 침묵 속에서 인간은 다시금 시원적인 것 앞에 서게 된다. 침묵 앞에서 인간은 늘 처음이 될 수 있으며, 모든 것이 새롭게 창조될 수 있다. 사랑과 믿음, 죽음과 생명 등이 침묵을 풍경으로 선명히 드러나는 것도 침묵이 갖는 원초성 때문이라 하겠다. 따라서 침묵은 단순히 부재를 의미하지 않고, 다른 현상들에 깊이를 더해 준다. 인간의 말이 힘을 갖는 것도 말과 말 사이의 침묵이 존재하기 때문이다. 인간의 말에 침묵이라는 배경이 없다면, 말은 아무런 깊이도 가지지 못할 것이다.[87]

　　사막의 교부들의 금언집에는 말보다 더 깊은 권위와 의미를 담아내는 침묵에 대한 일화들이 종종 소개된다. 알렉산드리아의 대주교 테오필루스가 세티스의 수도사들을 방문하였다. 귀빈을 잘 모셔야 한다는 강박감 속에 수사들이 교부 팜보에게 대주교가 감화할 수 있는 말씀을 해 주실 것을 요청한다. 이에 팜보는 다음과 같이 답했다. "만일 그 분이 저의 침묵에 감화 받지 못한다면, 그 분은 제 말을 통해서도 감화받지 못할 것입니다."[88] 많은 말이 사람과 상황을 변화시키지 않는다. 사막 교부들의 주옥같은 금언도 깊은 침묵 속에서 그 진가를 드러내는 것이다. 실제로 사막 교부들의 금언집에는 이같은 침묵의 가치를 이미 알고 교류하는 교부들의 모습을 볼 수 있다. 세 명의 교부들이 해마다 안토니를 방문했는데, 그 중 두 사람은 항상 안토니에게 자신들의 생각을 나누었지만, 나머지 한 사람은 언제나 침묵하면서 아무 질문도 하지 않았다. 오랜 세월이 흐른 후, 안토니가 그에게 왜 자신에게 한 번도 질문하지 않는지 이유를 묻는다. 그러자 그 교부는 다음과 같이 답하였다. "아버지, 저는 당신을 보는 것만으로 만족합니다."[89]

　　이 두 일화들은 사막의 영성에서 침묵의 자리와 그 깊이를 단적으로 보여주는 이야기들이라 할 수 있다. 때론 영적 지도는 어떤 말 없이도 둘 사이의 침묵과 여백으로도 충분하다. 침묵은 종종 인간이 제아무리 수려한 말로 설득하고 논증하는 것보다도 깊은 가르침과 변화를 이끈다. 장황한 말보다도 침묵 속에 절제된 한마디 말 속에 진심과 진리가 담기는 것도 그런 이유 때문일 것이다.잠 10.19이에 대해 철학자 막스 피카르트는 "제 삼의 화자"라는 말로 설명한다. 침묵을 통해서 말이 흘러 나갈 때, 그 말은 화자 자신으로부터 나올 수 있는 것보다 더 많은 것들을 듣는 사람에게 주게 된다. 따라서 대화에서 "제 삼의 화자"는 침묵이라는 것이다.*90*

많은 것들을 섣불리 예단하고 규정짓고 판단하는 인간의 합리적인 어떤 말보다는, 때론 말로 설명되지 않는 어떤 분위기 속에 잠잠히 있음으로 충분할 때가 있다. 거기서는 어떤 경계심도 풀 수 있고, 더이상 방어적이지 않으며, 무언가 말해야 한다는 내면의 어떤 강박도 몰아낸 채 말보다 명료한 내적 깨달음과 소통을 경험할 수 있게 된다. 침묵은 말을 가로막는 적대자가 아니다. 침묵은 우리의 대화에 불쑥 끼어든 불청객이 아니다. 침묵은 제 삼의 화자이며, 말의 다른 한 면이 침묵이다. 침묵을 통해 말은 더 한층 분명해지고, 그 의미를 굳힌다.

시편 기자가 묘사한 침묵 속에 거하시는 그 하나님이야말로 피카르트가 묘사한 제 삼의 화자일 것이다. 제 삼의 화자이신 하나님은 인간의 말과 대화를 어색하고 낯설게 만드시는 것이 아니라,

우리의 대화가 더욱 진실 되며, 깊이를 더하며, 그 자리가 안전한 공간이 되도록 이끌어 주신다. 그리고 그 침묵과 여백의 자리야 말로 하나님이 일하시고, 임하시고, 말씀하시는 생명력 있는 공간이 되어 주는 것을 볼 수 있다.

침묵 속에 거하시는 제 삼의 화자로서의 하나님은 침묵으로 말씀하신다. 그런 점에서 침묵은 하나님이 즐겨 쓰시는 언어라 할 수 있다. 하나님과 깊은 교제의 자리로 나아간 많은 신앙의 선배들은 이같은 침묵이라는 하나님의 언어에 정통했다. 모세, 다윗, 엘리야, 세례 요한 등은 사막의 깊은 침묵 가운데서 하나님을 만났다. 16세기 십자가의 요한John of the Cross, 1542-1592의 경우도, 하나님께서 가장 잘 들으시는 언어는 고요한 사랑이라고 고백하였다. 고요함은 하나님을 향한 확성기와도 같아서 우리가 잠잠히 그 분을 찾을 때, 하나님은 기뻐 우리를 들으시고 받아 주신다.시62.1-2 진정한 사랑은 불안하지 않기에 하나님을 기다리며, 내적 평안을 지켜내는 일은 그 분에 대한 신뢰이자 지고한 사랑의 응답이라 할 수 있다. 하나님은 바로 이같은 고요하며, 겸손하고, 온유한 사랑을 그 피조물로부터 들으신다. 침묵은 하나님과 인간을 하나로 묶는 공용어이다. 이에 침묵 속에 머무는 법을 모른다면, 하나님과의 소통은 그만큼 어려워진다.

내적 침묵, 헤시키아hesychia

사람들로부터 물러나 수실에 머물며 침묵하는 것이 사막의 영성의 기초라고 할 때, 사막의 교부들이 진정으로 이루려 하던 목표는 내적 침묵hesychia라고 할 수 있다. 그것은 단순한 말과 소음이 부재한 상황이 아닌 내면적으로 동요가 없는 깊은 고요함의 경지를 의미한다.

사막의 교부 루푸스는 헤시키아의 의미에 대해 다음과 같이 설명해 주고 있다. "내면의 평화hesychia란 하나님에 대한 지식과 경외심을 가지고서 수실에 머물러 있으면서 자신이 당한 부당한 일을 기억하지 않고 교만한 마음을 품지 않는 것입니다. 내면의 평화는 덕을 가져다 주며, 수도사를 원수의 불화살에서 보호하여 상처를 입지 않게 해줍니다. 형제여, 그것을 획득하십시오. 도둑이 언제 침입할지는 알지 못한다는 것을 기억하고 당신의 죽음을 염두에 두십시오. 그리고 깨어 당신의 영혼을 지키십시오."[91] 자기만의 수실에 머물며 침묵 속에 거할 때, 비로소 우리는 내면의 온갖 들끓는 소음들을 발견하게 된다. "자신이 당한 부당한 일"을 기억하는 일은 분노와 시기심 같은 정념에 사로잡혀 망상으로 이어진다. 이에 수실로 물러난 그 고요함의 자리에서 그토록 갈망했던 하나님을 찾지 않고, 도리어 세상에서 떨쳐내고자 했던 껄끄러운 나의 이웃과 원수들을 스스로 거기 초대하는 격이 된다. 이렇게 내면의 헤시키아가 깨지는 모습에 대해 루푸스는 "원수의 불화살"이라는 섬짓한 표현으로 묘사하고 있는 것이다.

헤시키아와 관련해 중요한 금언을 많이 남긴 사막의 교부 닐루스도 비슷한 맥락에서 수도사들에게 주의를 당부하고 있다. "당신에게 해를 끼친 형제에게 보복하려고 행한 모든 것이 결국 기도의 시간에 당신 안에 들어오게 됩니다."[92] 보복심은 폭력적인 정념이다. 이같은 정념은 실제로 상대를 해칠 수도 있지만 무엇보다 자신의 영혼에 치명적 상처를 남긴다. 이 아물지 않는 상처는 고요함 중에 언제든 분심으로 살아나서 우리의 기도를 끊임없이 방해한다. 보복심과 같은 응어리진 정념은 스스로에 대한 폭력일 뿐이다. 그것은 분심이 되어 원수의 불화살처럼 홀로 있는 나의 내면의 침묵을 수시로 깨뜨리려 한다.

사막의 교부과 교모들은 헤시키아를 깨뜨리는 그 어떤 외부적인 활동들도 무익하다고 보았다. 수실 밖에서의 외적 활동들이 결국 수실 안에서의 기도를 방해한다면, 그것을 사전에 통제하도록 하는 수덕적 생활을 더욱 강화해야 한다. 흔히 외부적 활동을 강화하기 위해 하나님께 부르짖는 것이 도시 그리스도인들의 기도라면, 사막의 영성에서의 기도는 하나님과의 깊은 만남 그 자체에 있다. 따라서 이 만남의 순도와 그 온전함을 위해 방해가 되는 외부적 활동들이야말로 사전에 통제가 될 필요가 있는 것이다.[93]

헤시키아에 대해 남달리 정통했던 닐루스는 끊임없이 휘젓는 흙탕물은 투명해지지 않는 것처럼, 정념과 분심으로 내적인 침묵과 고요함을 이룰 수 없을 때 참된 수도사가 되기란 어렵다는 점을 각인시킨다. 반대로 외부적인 자극과 정념 앞에서 지혜롭게 사랑으로 인내한 것은 기도 시간에 열매로 돌아온다는 사실을 설명하며 수도사들을 격려한다.[94] 닐루스는 또 다른 금언을 통해 헤시키아를 온전히 이루는 단계에서 벌어지는 내면의 상황을 다음과 같이 잘 묘사하고 있다.

> "내적 고요hesychia에 헌신된 사람은 원수의 화살에도 해를 입지 않습니다. 그러나 사람들 속에 섞여 있는 자는 끊임없이 상처를 받습니다. 그 안식 가운데 성마름은 더 온화해지고, 내적 고요 속에서 욕망은 지성을 따라 더욱 유순하게 반응하게 됩니다. 쉽게 동요되지 않을 때, 모든 정념은 더욱 절제되는 쪽으로 서서히 움직이고, 시간이 흐르면서 활동성을 잃게 하여 격정적인 성향이 사라짐으로 대상에 대한 동요를 불러일으키지 않는 기억만이 내면에 남게 됩니다."[95]

마음의 평정은 기도를 위한 조건이지, 단지 기도를 통한 결과가 아니다. 전자의 경우 그 강조점이 하나님과의 연합을 이루는 기도에 있다면, 후자는 하나님은 부재한 채로 나 자신의 심리적, 물리적 필요에 매인 기도가 되기 쉽다. 자기만의 수실로 물러나 고요함 중에 거하는 것은 그 자체가 목적이 아닌 헤시키아를 이루는 가운데 하나님과의 온전한 연합으로서의 기도에 집중하기 위해서이다. 위에서 살펴본 루프스나 닐루스의 금언들을 뒤집어 말한다면, 내적 고요를 사모하는 삶을 살아가지 못할 때, 우리는 바르지 못한 기도를 드리기 쉽다는 의미가 된다. "바르게 기도하기를 원한다면 동요하지 마시기 바랍니다. 그렇지 않으면 헛수고가 될 것입니다."96 많은 기도를 한다지만, 그것이 중언부언하는 기도일 수 있으며, 하나님에 대한 사랑이 더 깊어지는 기도가 아닌 나의 욕망만을 더 강화하고 고착화 시키는 위험한 기도가 될 수 있다. 나의 기도가 나르시스틱한 자기 충족의 도구가 되지 않게 하려면, 헤시키아를 사모하는 삶을 지향해야만 한다.

내적 침묵은 앞 장에서 살펴본 물러섬과 독거의 의미를 한층 더 깊이 이해하도록 도와준다. 헤시키아를 이루기 위한 물러섬, 독거, 침묵의 목적은 결국 다른 사람이 내 공간에 침범하는 것을 두려워 하기 때문이 아니다. 물러섬과 독거는 단순히 사막이나 수실에 머무는 행위가 아닌, 영혼의 상태, 즉 마음에 참된 사막과 수실을 이루는 일을 의미한다.97 그것은 통제되지 않는 자아로부터 자신을 보호하기 위함이다. 따라서 때론 도시 속에 살면서도 사막의 고요함을 마음 속에 이룰 수 있는가 하면, 수실의 깊은 침묵 속에서도 끝내 내적 침묵을 경험하지 못할 수도 있는 것이다.

참된 헤시키아의 기준은 외적 상황이 아닌 내적 현실에 있다. 내적 침묵을 지켜내기 위해서는 물리적인 수실의 문이나 혀를 잘 통제하는 것도 중요하지만, 무엇보다 내면의 문을 잘 단속해야 한다. 사막의 교부 포에멘은 이같은 헤시키아의 내면성에 대해 다음과 같이 설명한다

> "겉으로는 침묵하는 듯이 보이지만 마음 속으로는 다른 사람들을 비난하고 있는 사람은 끊임없이 수다를 떨고 있는 것입니다. 그러나 아침부터 저녁까지 말을 하면서도 진실로 침묵하는 사람이 있을 수 있습니다."[98]

그런 점에서 "모든 지킬 만한 것 중에 더욱 네 마음을 지키라. 생명의 근원이 이에서 남이니라"잠4.23는 잠언의 말씀이나 "하나님의 나라는 너희 안에 있느니라"눅17.21과 같은 말씀들은 새롭게 다가온다. 우리 중심에 새겨진 그분의 침묵보다 더 잘 하나님을 발견할 수 있는 곳은 없기에 하나님 앞에 내면의 침묵과 고요함을 지켜내는 일은 그 어떤 영적 훈련의 목적보다도 중대한 일이라 할 수 있다. 침묵을 지속적으로 돌보지 않는다면, 인간은 하나님을 알 길이 없다. 또한 침묵 가운데 우리는 두려움, 강박, 망상, 분노, 사욕 등에 의해 촉발된 활동성의 과잉으로부터 해방될 수 있다. 이는 마치 헤시키아를 통해 자신의 내면을 향한 새로운 여정을 시작하는 탕자의 모습과도 같다. 먼 나라에서 외면적 활동성과 난비의

허랑방탕한 삶을 살던 둘째 아들이 "이에 스스로 돌이켜"눅15:17본 향을 향해 나아가는 그 발걸음과 같이 말이다. 침묵 속에서 우리는 온전한 나를 찾으며, 하나님과의 깊은 연합을 이루며, 우리의 이웃을 향한 온전한 긍휼의 마음을 회복하게 되는 것이다.

반침묵의 개신교

침묵은 오늘날 그 긍정성보다 부정적 뉘앙스가 짙은 언어다. 사교성의 부족, 불친절, 은폐, 무책임 등의 의미가 내포되어 있다. 무엇보다 침묵은 비생산적이다. 목적 지향적인 현대사회에서 침묵은 마치 목적을 잃고 표류하는 것만 같다. 목적 지향적인 교회 역시 그런 비생산적으로 보이는 침묵이 달갑지 않다. 침묵은 소모며 낭비다. 한마디로 침묵은 반사회적이다.

이같은 상황에서 한국 개신교 내에서 침묵은 부정적인 것을 넘어 해롭게 여겨지고 있다. 침묵은 종종 불교와 힌두교, 혹은 뉴에이지와 관련된 이교적 신앙과 연관된 것으로 오해된다. 일부 근본주의적 교회에서는 지금도 렉티오 디비나lectio divina, 예수 기도Jesus prayer, 관상 기도contemplative prayer등에 대해 이단적이라고 까지 주장하는데, 이들은 모두 침묵 가운데 이루어지는 기도의 훈련들이라는 공통점을 갖고 있다. 그러나 이러한 훈련들은 현대 사회에서 새롭게 나타난 영성 훈련이 아닌 교회사를 통해 오랜 시간에 걸쳐 전해진 값진 훈련들로, 현대 사회의 활동성의 과잉에 정면으로

배치되는 훈련들이라 할 수 있다. 중세 기독교의 암흑기에도 그 신앙을 이끈 영성의 동력은 침묵의 언어로 단련된 훈련들이었다.

이같은 훈련들에 대한 한국 개신교의 반감에는 신학적인 이유보다는 침묵에 대한 부정적인 정서가 더 큰 암묵적 요인이 된다고 볼 수 있다. 현대 사회의 정체성을 형성하는데 핵심이 되는 활동성, 사회성, 생산성을 북돋기보다는 오히려 이같은 동력들을 끊어내는 침묵은 신앙의 자리에서조차 불청객이 되고 만다.

독특한 기도의 형태로 자리 잡은 통성기도는 두말할 나위 없이 한국 교회의 부흥과 성장에 핵심적인 역할을 해온 대표적인 한국 개신교의 영적 훈련이라 할 수 있다. 그러나 통성기도의 치명적인 약점은 하나님을 향한 내 편에서의 요구라는 일방통행적인 소통방식이 되기 쉽다는데 있다. 사무엘이 고백한 "주여 말씀 하옵소서 주의 종이 듣겠나이다"삼상4:9-10의 기도라기 보다는, "주여 들으소서 주의 종이 말하겠나이다"에 가까운 통성기도는 나의 뜻과 욕망을 관철시키는 도구로 전락하기 쉽다. 이런 논리대로라면, 많은 통성기도는 한 신앙인을 하나님과 더 가깝게 하기보다는, 자신의 잘못된 사욕조차 기도 가운데 '이것이 하나님의 뜻이다' 라는 식으로 더 확정적으로 몰아붙이도록 고무한다.

활동성의 과잉과 긍정성의 과잉 가운데 자기 착취적인 삶의 방식을 강요하는 현대 사회에서 한 개인의 욕망은 적절한 영적 훈련들을 통해 통제되어야 하며, 정화 되어야만 한다. 그러나 안타깝게도 오늘날 우리의 교회는 '지성이면 감천이다'는 식의 샤머니즘적 정서에 더 익숙한 나머지 한 개인의 열망을 쉼없이 일방적으로 토해 내도록 하는 방식의 신앙생활을 강요한다.[99] 교회는 성도들이 내적 침묵 가운데 지나친 활동성과 자기 착취적 삶에서 잠시라도 내려오도록 돕기보다는, 오히려 성도들의 세상 속에서의 활동성을 그대로 교회 안으로 가져와 교회성장의 동력으로 쓰려고만 한다. 이같은 반침묵의 교회는 결국 모두를 지치게 한다.

우리 시대는 무심함을 새롭게 배워야 하는 시대라 할 수 있다. 소위 "TMI"Too Much Information의 정보가 넘쳐나는 세상에서, 소비주의 시대의 끊임없는 신상품들의 유혹들 앞에서 우리는 무심함을 새롭게 배워야 한다. 앞다투어 찾는 먹을거리, 즐길거리, 볼거리가 넘쳐나는 오늘날 우리는 잠잘 시간이 모자랄 정도로 지루할 틈이 없다. 그러나 그 모든 것을 즐기는 가운데 헤시키아의 자리는 점점 나의 삶 가운데 자리를 잃게 된다. 즉흥적인 쾌락에 길들여진 나는 물러섬의 자리, 그 고요함 앞에 한없이 유약한 존재가되고 만다. 그것은 우리 시대의 큰 상실이다. 하나님은 그 고요함중에 계시며, 침묵으로 말씀하시는 분이시기 때문이다. 우리 내면의 사막으로 물러나 독거와 침묵 가운데 들어가지 않는다면, 하나님의 신비the mystery of God를 결코 경험할 수 없다.

입술의 침묵, 눈의 침묵, 마음의 침묵

나를 드러내고자 하는 욕망의 기제들이 오늘날처럼 세련된 적은 일찍이 없다. 관광객의 발길이 끊이지 않는 루브르 박물관의 모나리자 앞에서 사람들은 더이상 모나리자를 감상하기 보다는 다들 셀카봉을 들고 셀피selfie를 찍느라 정신이 없다. 나를 드러내는 행위 속에 정념의 유혹이 많기 때문에 기독교 영성사에서는 자기 절제의 훈련들이 지속적으로 강조되어 왔다. 특히 그 가운데 침묵은 중요한 자리를 차지한다. 3-5세기 이집트 사막의 교부와 교모들과 중세 수도원주의 등이 어두운 시대를 이끌었던 영성사의 중대한 운동들이었다고 한다면, 그 각각의 운동들을 지탱시켜 준 중심에는 내적 침묵이 자리하고 있다.

16세기 십자가의 요한의 경우도, 하나님께서 가장 잘 들으시는 언어는 고요한 사랑이라고 말한 바 있다. 고요함은 하나님을 향한 확성기와도 같아서 우리가 잠잠히 그 분을 찾을 때, 하나님은 기뻐 우리를 들으시고 받아주신다.시62:1-2진정한 사랑은 불안하지 않기에 하나님을 기다리며, 내적 평안을 지켜내는 일은 그 분에 대한 신뢰이자 지고한 사랑의 응답이다. 하나님은 바로 이같은 고요하며, 겸손하고, 온유한 사랑을 우리로부터 들으신다.

주님은 흥하여야 하겠고, 자신은 쇠하여야 한다고 말한 세례 요한의 고백에 대해 어거스틴은 "모든 말들 또한 그리스도를 아는 지식에서 자라남에 따라 줄어들어야 한다"라고 설명하였다. 많은 말이 하나님을 기쁘게 하지 않는다. 성경은 오히려 말과 혀 위험 혹은 해악에 대해 빈번히 경고한다. "말을 많이 하면 허물을 면키 어려우나 그 입술을 제어하는 자는 지혜가 있느니라."잠10:19

그럼에도 현대의 그리스도인들은 쉽게 침묵하지 못한다. 그것은 두려움 때문이다. 우리는 침묵 속에서 나를 잃을까 두려워 한다. 나의 존재감을 드러내기에 끊임없이 분주한 현대인들은 잠잠함이 결코 전략적으로 효과적이지 않다고 생각한다. '가만히 있어서는 안돼'는 우리 시대의 모두의 슬로건이 되어 버린 것 같다. 또한 우리는 외롭기 때문에 침묵에 이르지 못한다. 파스칼은 "모든 인간의 불행은 그들이 자신들의 방에 고요히 머물러 있지 못한다는 단 하나의 사실에서 태동한다"라고 말한 바 있다. 소음이 싫으면서도 정작 우리는 고요한 순간에 단 일분도 진득하게 머물러 있지 못한다.

그렇다면 어떻게 우리는 내적 고요함에 이를 수 있을까? 첫째, 입술의 침묵이다. 고요함을 이루는 단순한 길은 말을 하지 않는 것이다. 많은 말은 우리의 영혼을 어지럽힌다. 많은 말은 자기 방어, 욕망에 대한 집착, 상대로부터 인정받고 싶은 마음, 상대를 깎아 내리고 싶은 마음을 드러내기 쉽다. 무엇보다 많은 말은 말씀 하시는 하나님에 대한 수용성을 약화시킨다.

둘째, 내적 고요를 이루기 위해 입술의 침묵만큼이나 중요한 것은 눈의 침묵이다. TV, 인터넷, 핸드폰 등에 의해 우리는 언제 어디서든 우리를 현혹하는 수많은 이미지들에 무방비적으로 노출된 채 살아가고 있다. 이런 이미지들은 마치 마약과도 같아서, 그만 봐야지 마음 먹지만, 이내 또다시 그 이미지들을 탐닉하는 나를 보게 된다. 이러한 이미지들은 우리의 내적 고요의 자리를 훼방하는 불청객으로 끊임없이 우리를 괴롭힌다. 눈의 침묵을 위해 우리는 분투해야 한다. 하루에 모든 이미지들을 끊어 놓고 지내는 시간을 최소 1-2시간을 가져야 한다. 온전히 말씀 속에서 경건의 독서, 기도 가운데 우리 자신을 훈련해야 한다. 처음에는 힘들 수 있다. 금단현상처럼 다시 그 이미지들이 있는 곳으로 돌아가고 싶어 한다. 그러나 버티며 매일 그 훈련에 힘써야 한다.

그러나 결국 입술의 침묵, 눈의 침묵보다 중요한 것은 마음의 침묵hesychia이다. 외부적 소음이 차단된 환경에서 우리는 비로소 소란스러운 내면을 발견하게 된다. 침묵 속에서도 침묵이 그리우며, 그 적막 가운데도 침묵이 한없이 목마른 경우가 허다하다. 침묵은 그저 말 없음이 아니다. 사막의 교부들이 추구한 침묵은 단지 외부적 소음이 부재한 상태를 위함이 아니었다. 오히려 적막함 속에서 비로소 우리는 내면에서 쉬지 않고 떠들어대고 있는 소리들을 듣게 된다. 끊임없이 나의 기도를 방해하며, 생각을 분산시키는 불안, 염려, 시기, 분노, 슬픔, 허영심을 비롯한 온갖 망상들이 득실대는 소음의 진원지는 외부가 아닌 내면에 있음을 비로소 깨닫게 된다. 그런 점에서 마음의 침묵을 이루기 위해서는 무엇보다 오래 머무르는 훈련에 힘써야 한다. 내면의 소음은 우리를 끊임없이 외부적 자극 앞에 반응하도록 부추기지만, 내적 고요는 그런 자극들을 하나 둘 떨쳐낼 때 이루어진다.

우리가 침묵 속에서 하나님을 기억하고 기다릴 때, 하나님께서는 우리 안에 변화를 일으키신다. 하나님은 소음과 격정이 아닌 침묵 가운데 우리 존재의 심연으로 들어오신다. 우리의 가장 깊은 그 중심에서 일어나는 일에 대해 침묵만큼 예리하고 깊은 곳까지 나아가는 도구는 없다. "나의 영혼이 잠잠히 하나님만 바람이여 나의 구원이 그에게서 나오는도다"시 62.1라고 고백한 시편 기자는 그 하나님을 기억함으로 "넘어지는 담과 흔들리는 울타리"3절의 소음에 불안해 하지 않으며 침묵 속에 머무를 수 있었다. 우리의 싸움의 진원지가 어디인지 알 때, 우리 삶의 목적이 무엇인지 알 때, 결국 우리의 싸움이 보이지 않는 것에 대한 싸움이라 말할 수 있을 때, 비로소 우리는 침묵의 참된 가치를 알게 된다. 침묵 속에 머무는 일을 두려워 하지 말 일이다. 침묵은 공포와 초조함이 아닌 "요새"2절를 선물하기 때문이다.

하나님을 사랑한다면, 어떤 대가를 치르더라도 침묵을 지켜 내야 한다. 그 침묵으로 우리는 분주한 삶 가운데 하나님이 머무실 공간을 내어드릴 수 있다. 그리고 그 고요함 중에 우리는 이미 하나님께서 오래 전부터 나의 삶을 위해 일하고 계셨음을 발견한다. 조바심을 내려놓고 침묵 속에 머물 수 있다면, 나와 내가 사랑하는 이들 또한 더 견고하게 자라날 수 있을 것이다.

성찰과 토론

1. 성경 본문 가운데는 하나님은 고요 하시고, 하나님의 언어는 침묵이라고 말할 수 있는 본문들이 참 많이 있다. 각자 그런 성경 본문들을 하나씩 생각해 보고 그 안에 담긴 하나님의 침묵의 의미와 피조물된 인간이 취해야 할 영적 삶에 대해 나누어 보자.

2. 왜 나는 그동안 침묵을 사랑하지 못했는지에 대해 나누어보고, 본 장에서 새롭게 깨닫게 된 침묵의 소중함에 대해 한가지씩 함께 나누어 보자.

3. 사랑하는 이들을 다 내보내고 결국 나 혼자만의 시간이 되있을 적에, 정작 나 자신이 그 적막함을 견디지 못하는 경우들이 많다. 나를 방해하는 훼방꾼은 외부가 아닌 내 안에 있었던 것이다. 최근 경험한 당신의 훼방꾼의 이야기를 나누어 보라. 그 침묵을 견디지 못해 대신 택한 것들이 무엇이었는가? 이러한 악습을 극복할 수 있는 대안은 무엇일까? 또 이같은 훼방꾼들을 쫓아내고, 내적 침묵을 지켜낸 시간들이 있었다면 그것에 대해서도 서로 함께 나누어 보자. 당신이 경험한 내적 침묵은 어떤 것이었으며, 그것이 주는 유익은 무엇이었는가?

4. 한국 개신교는 대체적으로 반침묵적이다. 나의 교회의 경우는 어떠한지 함께 이야기 나누어 보자. 반침묵은 이미 하나의 문화로 자리 잡았기에 쉽게 바꾸기는 어렵겠지만, 어떻게 침묵이 우리 공동체 안에 깃들 수 있게 할 수 있을지에 대해 서로 이야기를 나누어 보자. 당장 나의 소그룹 안에서도 그런 침묵의 자리를 만들어보자.

5. 사막의 수도사들은 항상 고요에 기여하는 것을 선택하는 삶을 살아갔을 정도로 침묵을 사랑했다. 그것은 침묵에 대한 맹목적인 애착이 아닌, 그 고요함 속에 하나님을 경험할 수 있기 때문이다. 이제 당신의 삶 가운데에도 그 내적 침묵을 지켜내는 데 기여하는 삶을 선택해야 할 책임이 있다. 매일의 삶 가운데 구체적으로 어떻게 그것을 실행할 것인지에 대해 계획해 보고, 지체들과 함께 서로의 생각들을 나누어 보자.

4장 * 정주

물고기가 물 밖에 오래 있으면 죽는 것처럼, 수도사가 자신의
수실 밖에서 빈둥거리거나 세상 사람들과 함께 시간을 소일하게 되면
내적 평화를 강도를 상실하게 됩니다. 따라서 물고기가 바다를
향해 가듯, 우리 또한 서둘러 수실로 들어가야 합니다.
그렇게 하지 않고 밖에서 지체하다가 우리는 내면의 경성함을
상실할까 염려스럽기 때문입니다. (안토니)*100*

내 마음이 매우 고민하여 죽게 되었으니
너희는 여기 머물러 나와 함께 깨어 있으라. (마태 26:38)

사회학자 지그문트 바우만은 "공포가 가장 무서울 때는 그것
이 불분명할 때, 위치가 불확정할 때, 형태가 불확실할 때, 포착이
불가능할 때, 이리저리 유동하며, 종적도 원인도 불가해할 때"라
고 설명한 바 있다. *101* 바우만은 현대의 이같은 공포의 특징을 "유
동하는 공포"liquid fear라 명명한다. 공포의 대상을 종잡을 수 없을
때, 공포감은 극대화된다. 어둠이 공포 영화의 주된 배경이 되는

것도 같은 맥락인 것이다. 이같은 유동하는 공포는 인간만이 경험하는 "파생적 공포감"에 의해 더욱 극대화되고 재생산 된다. 실제로 인간이 경험하는 공포는 많은 경우 이차적 공포다. 즉 다른 누군가가 겪은 공포스런 상황이나 과거의 경험에 의해 인간의 공포감은 실제보다 배가되며, 그런 공포는 실제로 위협이 출현했건 안했건 간에 인간의 행동을 제약한다.

더 큰 문제는 이처럼 불확정한 공포가 오늘날 사회적 차원으로 분담되지 않고 점점 더 개인적 차원으로 수렴된다는데 있다. 전통적 규범과 공동체가 해체되고, 국가의 통제를 벗어난 신자유주의 시장 중심 체제의 전면화는 성과사회 앞에서 끊임없이 경쟁해야 하는 보호받을 수 없는 한 개인의 공포를 확장시키는 구조적 요인으로 작동하고 있다.[102]

그리스도인들도 예외가 아니다. 사회에서 낙오되거나 버림받고 거절 당할 것을 두려워 하며, 끊임없이 성과 주체가 되어 스스로의 경쟁력을 증명해야 하는 현대의 그리스도인들은 피로하다. 특히 체면을 중시하는 동아시아 문화에 길들여진 한국인들은 다른 사람들의 눈에 비친 나의 모습이 어떠한지에 대해 매번 신경 써야 하기에 그 피로와 억제된 분노는 교회 안에서나 밖에서 언제나 위태롭다. 한마디로 이같은 삶은 바람의 나는 겨시1:4와 같다. 늘 염려 속에 열심은 내지만 어떤 방향성을 갖고 나아가는 삶이기보다는 그저 주어진 하루 하루를 버텨 내기에 급급하며, "하나님의 나라와 그 의"를 삶의 중심에 놓기 보다는, 나와 내 가정의 안전과 평안을 우선시 하게 된다.

이처럼 공포가 사사화privatization될 때, 그리스도인들은 고조되는 사회적 소외와 불안감을을 외면하기 위한 주술과 삶의 양식을 쫓아 살아가게 된다. 실제로 오늘날 번영신학은 성과 사회에서 스스로를 보호하며 생존해야 하는 불안한 인간의 취약성 앞에 현세적 축복을 보장하는 변질된 복음의 주술이 되고 있고, 종교적 소비주의는 삶의 의미를 부여하는 일상의 습관으로서의 삶의 양식이 되어 버렸다.103

이같은 현상은 개별적 신앙의 자리에서만 일어나는 것이 아니다. 교회 역시 다르지 않다. 세속화 과정 가운데 많은 교회들의 질문은 '어떻게 살아 남느냐?' 가 되고 있다. 섬김이 아닌 생존이 열악한 목회 현장의 현실이다. 이에 교회는 어떻게 하면 사람들을 끌어 들일 수 있는가를 골몰하는 "볼거리 있는 교회"attractional church 가 되고 만다. 새로운 프로그램, 스타 강사, 트렌디한 행사, 최신의 건축과 시설 등으로 새로운 종교 상품에 목말라하는 종교 소비주의자들의 구매욕을 부추긴다. 복음을 처음 접한 이들보다는 소위 '메뚜기 신자' 들이 교회 성장의 판도를 좌우하는 현실도 이같은 현상의 일환이라 할 수 있다. 유동적 공포 속에서 번영 신학과 종교 소비주의에 물든 교회와 그리스도인들은 길을 잃었다. 그들은 약화되어 가는 교세를 회복하기 위해 안간힘을 쓰지만, 많은 경우 그들의 행보는 한마디로 방향성이 없는 난비亂飛가 될 소지가 많다.

난비하는 시대의 정주의 영성

난비, 곧 길을 잃었을 때 가장 중요한 것은 정교한 지도 이전에 자신의 현 위치를 아는데 있다. 심리학적으로 인간의 자기 응시 능력은 그가 사회를 살아가는 정상인인가 그렇지 않은가를 판가름 하는 중요한 기준이 된다. 올바른 자기 응시를 통해 한국 교회와 그리스도인들은 그들을 난비하도록 만드는 유동적 공포에 휘둘리지 않고, 그들이 이미 하나님의 사랑 가운데 있음막 1:11을 재확인할 수 있게 된다.

이같은 자기 응시를 위해 우선적으로 전제되어야 하는 것은 정주定住, 곧 머무름이다. 내가 누구이며, 현재 어디 있는지를 헤아리기 위해서는 멈추어 서야 한다. 교회사를 돌아보면, 혼돈의 어둠의 시대 가운데 정주의 훈련이 그리스도인들 안에 새로운 돌파구를 만드는 역할을 해 왔음을 볼 수 있다. 예를 들면, 6세기 서고트족의 침탈로 로마제국이 붕괴하게 되는 충격 속에서 누르시아의 베네딕트Benedict of Nursia는 정주 서원을 강조한 그의 수도원 규범집을 통해 수도원 영성을 꽃피웠다. 12세기, 권력이 들어오자 변질된 수도원과 화폐경제가 활성화 됨으로 말그대로 돈이 권력이 되는 시대에 아씨시의 프란시스는 아씨시라는 작은 마을 공동체에 정주함으로 가난한 이들을 돕고 교회의 개혁에 앞장섰다. 16세기 부패한 교권에 맞서, 프로테스탄트 종교개혁을 일으킨 어거스틴회 수도사 마틴 루터Martin Luther의 경우, 자신이 점점 유럽일대에서 유명세를 타기 시작하자, 자신이 결코 종교개혁을 위해 한 것이 없는 하찮은 존재라고 겸손히 말하며 다음과 같이 고백하였다. "저는 일상적으로 가르치고, 설교하고, 하나님 말씀을 적었을 뿐입니다."104 이 어기스틴회 수도사는 매일의 삶에 뿌리내린 정주의 일상성 속에서 유럽 일대의 지각을 뒤흔든 종교개혁이 이루어졌노라 증언하는 것이다.

그러나 교회사를 통해 누구보다 일찍이 하나님과 이웃 앞에서 정주의 가치를 바로 깨닫고, 매일의 삶 가운데 분투한 이들은 따로 있었으니 그들이 바로 사막의 교부들과 교모들이다. 수도원주의의 뿌리가 되어 주었던 사막 교부들과 교모들의 영적 훈련들을 한 단어로 집약한다면 정주의 훈련이라 할 수 있다. 독거와 침묵 가운데 흔들림 없이 머무는 일이야말로 사막으로 몰려든 수많은 수도사들이 지향했던 삶이었다.

억울한 죄의 누명을 쓴 한 형제를 영적으로 돕는다고 하면서도 오히려 더 큰 고통 속에 빠뜨리는 형제들을 지켜보던 교부 파푸누티우스는 다음과 같은 비유를 든 바 있다. "나는 강가에서 무릎까지 진흙 속에 빠져들어가는 사람을 보았습니다. 어떤 사람들이 그를 빼주려고 손을 내밀었지만 더욱 목까지 빠져들게 하였습니다."[105] 종종 상대를 돕는다고 하지만, 정작 그 형제를 더 깊은 늪에 빠뜨리는 결과를 초래하는 경우들이 있다. 특히 활동성이 강조되는 오늘날 우리는 쉽게 남을 돕기 위한 자리로 나아간다. 그러나 그 의도와는 상관없이 종종 상대를 "더욱 목까지 빠져들게" 하는 결과를 초래하는 경우들이 있다. 정작 나의 애씀과 활동성에 도취된 나 자신은 그런 사실을 전혀 알지 못한다. 그저 이번에도 더 많이 애쓰며 땀을 흘린 것에 스스로를 위로한다. 어쩌면 이것이 한국 교회의 모습이 아닐까 생각된다. 사회적인 봉사와 섬김은 다른 어느 종교 기관보다 많이 하고 있지만, 실제 사회 속에서는 그만큼 인정받지 못하고, 도리어 가장 이기적인 종교집단으로 인식되고 있는 사실은 우리의 봉사와 섬김의 진정성을 다시금 묻지 않을 수 없게 만든다.[106]

사막의 교부와 교모들은 많은 활동성이 결코 우리 자신과 다른 사람의 영적 진보를 보장하지 않는다고 보았다. 오히려 우리의 통제할 수 없는 활동성의 과잉이야말로 나 자신은 물론이고 나의 이웃 또한 더 깊은 늪에 빠져들게 만드는 해악으로 보았다.

그런 점에서 사막의 영성에서 줄곧 강조되는 것은 머무름이다. 더욱 깊은 하나님과의 관계를 형성해야 하는 순간에, 언제고 그럴듯한 유혹으로 외부적 활동성의 유혹이 찾아온다. 돌봐야 할 사람, 연락해야 할 친구, 마무리 해야 할 소소한 일들까지. 그것이 무엇이던 그 자리를 빠져나올 그럴듯한 명분이 되어 버린다. 마르

다의 활동성이 언제나 마리아의 머무름보다 늘 그럴듯하고 효과적으로 보이는 것이 우리의 현실이다.

하나님의 신실하심에 뿌리를 둔 정주

오늘날 현대 사회의 주요한 특징 중 하나는 이동성이다. 사람들은 그 어느 때보다 많이 이동한다. 지리적으로만이 아니라, 직장, 관계, 공동체적 차원에서도 여느 시대보다 옮겨 다니는 것에 익숙한 삶이 되고 있다. 오히려 한 곳에 오래도록 머물고 있는 사람에게는 무능함이라는 딱지가 붙는 경우가 다반사다. 아직도 거기에 있느냐는 식으로 급변하는 시대에 머물러 있는 사람은 뒤쳐진 사람, 부적응자로 간주된다.

특히 소비주의 시대에 사람들은 선택의 자유에 길들여져 있다. 하나가 곧 싫증이 나면, 다른 것이 가능하다는 사실 앞에 안심하며 살아간다. 그런 선택의 자유에 길들여지면, 결국 작은 시련과 고통 앞에서도 쉽게 현재 나의 자리를 포기하고 떠나게 된다. 그것이 직장이건, 결혼생활이건, 신앙 공동체에서의 삶이건 상관없이 말이다. 오랜 순종은 우리 시대에 잊혀진 말이다. 영악한 종교적 소비주의자들에게 충성이란 아름다운 덕이 아닌 미련함으로 느껴질 뿐이다.

이와 반대로 정주는 백업 플랜backup plan을 포기하는 훈련이다. 그 곳에서 뼈를 묻는 일이다. 베네딕트 수도원에 갓 들어온 수도사는 정주서원을 하게 되고, 자신이 늙어 죽은 후 묻힐 묘 자리가 어디인지를 안내 받는다고 한다. 수도원적 영성형성을 위해서는 영적지도, 기도, 묵상 등이 모두 중요한 요소들이 되겠지만, 신참 수도사에게는 무엇보다 새로운 거주공간을 영적인 본향으로 느끼며 받아들이는 일이 중요하고 시급하기에 특별히 더 정주의 훈련이 강조되는 것이다.

정주는 이와 같이 주어진 환경에 대한 수용 가운데 나의 계획보다 더 완전하신 하나님의 계획을 신뢰하는 데서 온다. 정주는 우리가 기도와 찬양으로 자주 고백하는 신실하신 하나님이 실제 삶에서도 그와 같이 믿을만한 분임을 인정하는 삶의 방식이다. 그러나 이미 머무름의 능력을 잃어버린 오늘날 그리스도인들은 하나님의 신실하심을 입술로는 고백하면서도, 어떻게든 지금의 자리에서 벗어나고자 함에 너무도 익숙하다.

그런 점에서 정주는 최고의 선택지로서의 이상적인 공동체가 아닌, 하나님의 변함없는 신실하심에 뿌리를 두어야 한다. 이같은 신학적 귀결은 선택이 자유를 넘어 행복과 엔터테인먼트가 되어버린 종교적 소비주의자의 만성적으로 불만족스러운 마음에 대해 저항한다는 점에서 중대하다. 정주의 영성의 핵심은 우리의 의지선택가 아닌, 우리를 향한 하나님의 신실하심에 있다. 이동성의 문화는 언제나 문제는 나 자신이 아닌, 그 곳에 있다는 식으로 우리의 발빠른 대처, 변화, 혁신을 요구한다. 문제 없는 나는 문제가 있는 그곳을 떠나면 형통한다는 논리이다. 그러나 곧 머지 않아 우리는 그 새로운 자리에서도 또 따른 문제에 직면한다. 문제는 다름 아닌 나 자신에게 있기 때문이다. 그런 점에서 사막의 교모 테오도라의 이야기는 의미심장하다. "어떤 수도사가 너무 많은 시험을 당했기 때문에 '이곳을 떠나야겠다'라고 말했다. 그는 신발을 신다가 또 한 사람이 신발을 신고 있는 것을 보았다. 그 사람은 이 수도사에게 물었다. '네가 이곳을 떠나려는 것이 나 때문인가? 네가 어디로 가든지 내가 너보다 먼저 가 있을게'라고 말했다."[107] 다소 섬짓한 이 이야기는 우리가 어디로 피하건 간에 문제는 항상 우리를 쫓아다닌다는 사실을 일깨운다.

켄터베리의 안셀름c.1033-1109은 인간은 항상 그들이 있는 곳에서 불행한 이유를 찾고. 거기서 항상 그들을 거슬리게 하는 사람들을 찾아내며, 매일의 일과 속에서 언제든 근심을 키워나가는 법을 아는 자들이라고 설명하면서, 인간은 그들 곁에 있는 것들을 사랑하는 법을 배우게 될 때라야 그같은 지각이 변화되기 시작하며, 그러한 사랑은 결국 지속적인 정주 없이는 이루어질 수 없는 것이라는 사실을 일깨워 준다.[108]

정주가 부재한 사랑은 천박하며 변덕스럽다. 그것은 만족할 줄 모르는 사랑이며 소비주의적 영성과 꼭 같다고 볼 수 있다. 더 새로운 선택과 소비를 위해 뱀파이어처럼 어딘가를 배회하는 종교적 소비주의자로서의 그리스도인의 모습 속에는 헌신과 충성,

아가페적 사랑은 찾아볼 수 없다. 왜 한국 개신교는 늘 다투며 분열할까? 왜 사랑의 종교인 기독교는 갈등과 반목을 되풀이 하는걸까? 날로 입맛만 까다로워지는 종교적 소비주의자들이 머무름의 기술을 잃어버린 채로 서로 사랑하자고만 외치고 있기 때문은 아닐까?

수실 Cell

"가서 당신의 수실에 머무시기 바랍니다.
 수실이 모든 것을 당신에게 가르쳐 줄 것입니다."[109]

사막의 교부들과 교모들의 수덕적 삶의 방식은 저마다 달랐다. 이에 그들이 어떻게 하루의 영적 일과를 보냈는가를 일반화 하기는 쉽지 않다. 그럼에도 불구하고 사막 교부들의 금언집을 비롯한 사막의 문헌들이 공통적으로 보여주고 있는 사실은 그 모든 영적 훈련들이 수실이라는 공간에서 이루어졌다는 점이다. 이같은 사실은 단순히 문헌적 연구로 확인된 사실일 뿐만 아니라, 이집트 일대의 고고학적 연구들을 통해서도 수도사들의 거주지로서 수실이 영적으로 중심적 역할을 했다는 해석을 뒷받침해 준다.

"가서 당신의 수실에 머무시기 바랍니다. 수실이 모든 것을 당신에게 가르쳐 줄 것입니다." 이 유명한 금언은 그 자신도 교부

이시도어에게 유혹에 흔들리지 말고 수실에 들어가 앉아 있을 것을 권면 받은 바 있던 교부 모세의 가르침이다. 어떤 유혹이 와도 수실을 벗어나지 않는 정주를 통해 인간은 하나님을 경외하는 가운데, 자신의 내면을 조명할 수 있게 된다. 영적 형성spiritual formation은 얼마나 새롭고 진귀한 영적 도구들을 움켜 쥐고 있느냐가 아니라, 얼마나 흔들림 없이 수실에 머물러 있느냐에 달려 있다. 그것은 수실이라는 장소의 신비가 아닌, 오히려 수실 안에서 아무 것도 갖지 않은 한 인간에게 성령이 그 마음의 문을 여시며 어루만지실 수 있기 때문이다. 세상의 부요함을 멸시한 자리에서 인간은 비로소 하나님의 은총에 눈을 뜰 수 있다.110 사막의 교부들은 성령에 의해 사막으로 이끌림 받아 시험 받으신 예수님처럼, 자신들 또한 그러한 이끌림 속에 수실에 머물렀다.111

사막의 교부들에게 수실은 단순히 거주하는 장소place가 아니었다. 그곳은 "거룩한 공간"sacred space이었다. 사회학자 앙리 르페브르는 장소와 공간의 의미를 구별했는데, 장소가 단순히 조성된 구조물광장, 사원, 마을, 거주지 등을 의미한다면, 이들 장소에서 상호적 교류를 하는 개인들은 그 장소를 독특한 사회적 공간으로 만드는 중개자가 된다고 설명한다.112 사막의 교부들의 수실도 그 장소 자체가 저절로 그 거룩함을 형성한 것이 아닌, 그 안에서 하나님과 이웃과의 사회적 관계를 형성함으로 그 독특한 사회적 공간으로서의 가치를 얻게 된 것이라 하겠다. 이런 맥락에서 교부 암모나스

나 교모 신클레티카는 수실에 오랜 세월 머물러도 그것이 무용할 수 있음을 경고한 바 있다.*113* 포에멘도 많은 교부들이 수실에서 금욕적 삶을 살았지만, 하나님께 주의집중한 지각을 실제로 겸비한 이들은 실제로 많지 않았다고 밝힌다.*114* 상호적인 어떤 만남이 이루어지지 않는다면, 그 어떤 구별된 장소도 그 가치를 잃는 것이다.

구별된 거룩한 공간으로서의 수실은 수도사들을 "거룩한 이방인"이 되도록 돕는다. 수실에 머문다는 것은 의도적으로 구별된 공간 속에서 수실 밖에서와는 다른 인식으로 주목하고 분별하게 하고, 더이상 세상이 강요하는 방식의 관점을 취하지 않도록 이끈다. 세상과 사람들에 대한 정념들을 쫓아서 나를 구축해 오던 관습을 버리고, 수도사는 수실이라는 자기에 대한 감시적 공간panoptic residence에 머문다.*115* 여기서 감시적이라는 것은 자아 도취적이고 나르시스틱한 자아가 되지 않도록 끊임없이 자기폭로적이 되어 준다는 의미이다. 수도사들은 수실에서 경험하는 모든 악한 생각들logismoi의 유혹을 그 영적 스승에게 숨김 없이 투명하게 알려야 했는데, 이 역시 수실이 갖는 자기 감시적 역할을 잘 묘사해 주는 것이다. 수실은 사람들 앞에 보여지는 나의 모습을 더이상 생각하지 않고, 하나님 앞에 단독자로 있는 나의 모습의 실체를 밝히는데 주목한다.*116*

수실과 정오의 악마

사막은 인간이 그 환경의 제약 가운데서 훈련 되어야 함을 가르친다. 그 제약된 환경 가운데 인간은 자신의 가장 깊숙이 감춰진 내면의 자아를 부정하려는 자기방어의 벽을 허물어 버릴 수 있기 때문이다. 수실은 "속성 영성"quick-fix spirituality을 허락하지 않는다. 조급함과 조바심은 수실의 불청객이다. 수도사를 가리키는 헬라어 *monachos*monk는 홀로 있는 자를 의미하는 *monos*에서 유래하는데 수실에 들어가 홀로 머무는 가운데 수도사는 비로소 수도사로서의 정체성에 답하는 자가 된다. 수실은 내적 독거를 이루기 위한 외형적, 건축적 표현이라 할 수 있다.[117]

그러나 실제 삶에서 수도사들은 어떻게든 수실 밖으로 뛰쳐나오고픈 유혹 앞에 끊임없이 시달렸다. 흔히 '정오의 악마'로 불리는 나태acedia의 유혹은 홀로 수실에서 자신을 연단해야 하는 수도사들에게 가장 큰 유혹이었다.[118] 오전 10시부터 오후 2시의 수련 시간에 특히 찾아오는 이 유혹 앞에 수도사는 더디 가는 시간 앞에 수시로 창 밖을 내다보며 그의 수실에서 뛰쳐 나오려 한다.

나태는 이처럼 게으름의 형태로 찾아오기도 하지만, 보다 정확히 말해 '중요한 일에 대한 돌봄의 부재' 형태로 수도사들을 유혹한다. 수실에서 이루어야 할 그들의 더딘 숙성의 여정 앞에, 정오의 악마는 수실 밖에 보다 더 생산적이고, 의미 있는 만남과 열매가 있노라 속삭인다. 이에 수도사는 현재의 수련하는 자리와 그 자신의 삶에 대해 혐오하기 시작한다. 하나님은 어디서나 예배 받으시는 분이 아니시던가? 보다 생산적이고 이상적인 공동체 혹은 수덕의 자리를 찾아 가는 것이 낫지 않겠나? 고향으로 돌아가 두고 온 부모를 돌보는 것이 바람직하지 않겠나? 등과 같은 마음이 지배하기 시작한다. 이처럼 정오의 악마는 모든 방법을 동원해서 수도사로 하여금 그 수실에서 뛰쳐나오도록 부추긴다.[119] 실제로 사막의 수도사들 중에는 정오의 악마의 유혹에 굴복한 이들이 많았다. 그들은 빈번히 그들의 거처를 이곳 저곳으로 옮겨 다니면서 더 유익해 보이는 영적 훈련의 환경을 찾아다녔다. 사막의 교모 신클레티카는 수도사가 자리를 옮기는 것의 해를 다음과 같이 설명한다. "알을 품은 새는 그것을 도둑맞지 않으려고 알에서 떠나지 않습니다. 마찬가지로 수도사나 수녀들이 이곳저곳으로 옮겨 다니면, 믿음이 식고 메말라 버립니다"[120] 사막의 교부 테오돌은 흘려 보낸 세월을 다시 불러올 수 없듯이, 수실에서 나와 방황하는 수도사는 그 상실한 수덕의 흐름을 되찾을 수 없다고 경고하고 있다. "그러므로 우리는 항상 수실에 머물러야 합니다. 처음으로 수실에 거주하기 시작한 초심자처럼 수실에서 나와 돌아다니다가 돌아가곤 하는 사람의 마음은 불안하고 흔들릴 것입니다.... 그가 흘러보낸 세월을 다시 불러올 수 없듯이, 한 번 잃어버린 이득을 다시 획득할 수도 없습니다."[121]

훗날 사막 교부들과 교모들의 가르침에 영향을 받은 베네딕트는 이같은 수실에 머무르는 정주를 가로막는 유혹이야말로 수도자 자신과 공동체를 해롭게 하는 죄악이 된다는 사실을 경계하며 수도원 규범집 제일 첫 장에 네 가지 유형의 수도사를 소개한다.[122] 첫째, 공주 수도사cenobite는 자신들과 같이 공동체를 이루어 살아가는 수도사들로 가장 이상적인 수도생활을 하는 하는 수도사이며, 그 다음의 이상적인 수도사는 독수도사anchorite로 안토니와 같이 홀로 수도생활을 하는 수도사이다. 세번째로는 수도원에 들어왔지만 여전히 세상의 가치들을 버리지 못한 성숙하지 못한 수도사sarabait이다. 그러나 이보다 더욱 공동체에 존재해서는 안되는 유형의 수도사가 있으니 한 수도원에 머물지 못하고 이곳 저곳을 옮겨다니는 유형의 수도사gyrovague다. 베네딕트는 정주하지 못하는 수도사가 영적으로 자라날 수 없고, 다른 수도사들에게도 해를 끼친다는 사실을 직시하며, 수도원에 입회하는 이들에게 일반적인 수도원에 들어올 때 요구되는 청빈, 순결, 순종에 대한 서원을 포함하여 "정주의 서원"을 하도록 하는 규칙을 수립했다.

거대한 분투의 자리

사막의 수실은 영성 형성을 위한 구별된 자리이자 거룩한 공간이었지만, 그 실체는 매순간 끊임없는 유혹들과 싸워야 하는 치열한 격전지였다. 수실은 하나님과의 위대한 만남great encounter과 함께 거대한 분투great struggle라는 불청객도 기다리고 있는 곳이었다. 이 내적 고요와 정주를 이루기 위한 물러섬과 독거의 자리에서 사막의 교부들은 세상 그 어느 곳보다 요란한 내면의 소음에 시달려야했다. 외부적 활동성과 소음이 차단됐을 때, 바로 평화가 찾아오는 것이 아니라, 비로소 더 요란한 내면의 난비를 경험하는 것이다. 수실은 바로 그런 내적 소음과 저항이 가장 활발한 자리이기에 고요한 수실에서 사막의 교부들은 누구보다 치열한 분투를 매순간 치러야 했다.

그러나 영적 성장의 비결은 바로 여기에 숨어 있다. 사막의 수도사들은 일정관리표에 의해 새벽에 성경을 몇 구절 암송하고, 오후에 기도를 몇 번 하고, 금식을 충실히 했는지 등을 확인하며 그들의 영적 성장을 가늠한 것이 아니었다. 그들에게 있어서 영적 성장이 이루어지는 프라임 타임은 유혹이 찾아 왔을 때이다. 깨달음이 있고 감동이 있는 순간이 영적 성장의 때가 아니라, 시편 기자가 묘사하듯 내 영혼이 녹는 것 같은 연약함을 경험하는 유혹의 순간이야말로 진정한 영적 훈련의 때가 되는 것이다. 에바그리우스는 이에 대해 다음과 같이 설명한다:

"유혹의 시간에 우리는 자신이 생각해 낼 수 있는 그럴 듯한 그 어떤 구실에도 불구하고 우리가 머무는 방을 버리고 떠나서는 안 된다. 우리는 그 안에 머물면서 참고 견디고 또한 모든 침입자들, 특히 열의가 없는 '냉담함' 이라는 악마와 용감히 맞서 싸워야 한다. 이 악마는 모든 것들 가운데 가장 억압적이어서, 영혼은 그 자신이 가장 높은 경지에 있다는 것을 증명해야 한다. 그러한 갈등으로부터 달아나고 이것을 피하려고 애쓰는 것은 영혼을 무기력하고 겁 많고 쉽사리 변하게 만든다."[123]

영적 훈련을 하다가도, 유혹이 찾아오면 그날의 훈련을 접고 마는 방식의 훈련자의 모습은 일반적인 신앙인의 모습일 수 있지만, 에바그리우스는 유혹을 피하려고 애쓰는 것이 "영혼을 무기력하고 겁 많고 쉽사리 변하게" 만드는 주요인이라고 경계하고 있다.

그런 점에서 수실은 고요함과 자연의 향기와 한껏 느낄 수 있는 편안한 휴식처가 아닌, 끊임없이 자신을 문 밖으로 내몰아내려는 정념들과 씨름해야 하는 거친 분투의 자리였다. 수도사의 성품과 수준은 시험을 받을 때 확연히 드러나는 법이다.[124]

사막의 교부 요한은 수실 안에서 일어나는 영적 분투의 순간을 다음과 같이 묘사하고 있다. "나는 큰 나무 아래 앉아 있으면서 많은 들짐승과 뱀들의 공격을 받는 사람과 같습니다. 그 사람은 그 짐승들을 저항할 수 없게 되면 나무 위로 기어 올라가서 목숨을 부지합니다. 나도 그렇습니다. 수실에 앉아 있을 때 악한 생각들이 나를 공격합니다. 그것들에 저항할 힘이 없어지면 나는 기도하여 하나님께 피함으로써 원수로부터 구원을 받습니다."[125] 요한은 하나님께 대한 신뢰를 잃지 않고 머무름 가운데 유혹을 이겨낸다. 앞서 살펴본 정오의 악마의 유혹과 같이 수실을 벗어나고픈 유혹은 혹독한 시련을 통해 찾아오기 보다는 달콤한 속삭임으로 찾아오는 경우가 많다. 이에 많은 수도사들이 수실을 쉽게 떠나게 된다. 그러나 수실을 거절하는 것은 난비하는 삶에 자신을 맡기는 것이며, 그것은 수실에서 함께하시는 하나님에 대한 신뢰를 포기하는 것이 된다. 한 수실에 정주하지 못하고 이곳 저곳을 자주 옮겨 다니는 일은 마치 한 그루의 나무를 이곳 저곳에 옮겨가며 이식하는 것과 같은 일이다. 이렇게 자주 이식하는 나무는 온전히 뿌리 내릴 수 없고, 열매를 맺지 못하게 된다.[126]

따라서 사막의 수도사들에게 수실을 무시하는 것보다 더 위험한 행위는 없었다. 수실에 머물지 않는 수도사는 안토니가 비유한 것처럼 물 밖에 오래 머물고 있는 물고기의 모습처럼 위태롭다. "물고기가 물 밖에 오래 있으면 죽는 것처럼, 수도사가 자신의 수실 밖에서 빈둥거리거나 세상 사람들과 함께 시간을 소일하게 되면 내적 평화hesychia를 상실하게 됩니다."[127] 수실은 물리적 정주를 넘어 수덕적 삶에서 최고봉이라 할 수 있는 내적인 평정심을 이루기 위해 반드시 머물러야 하는 자리이다. 이 자리를 지키지 못할 때, 인간은 내적 평화를 잃고, 헛된 욕망에 흔들리며 불안해 하는 쉴 수 없는 영혼이 되고 만다. 이같은 수실의 중요성에 대해 또다른 교부 루푸스 역시 내면의 평화란 다름 아닌 하나님에 대한 지식과 경외심을 가지고 수실에 머물러 있는 것이라고 설명한다.[128]

　　수실 생활이 더이상 감동도 없고 무익하다고 시험받던 한 형제는, 주변의 다른 수도원으로 가면 자신의 신앙이 크게 진보할 것이라는 망상에 빠졌다. 그는 교부 파프누티우스를 찾아가 자신의 이같은 생각을 고백했다. 그러자 파프누티우스는 다음과 같이 권면하였다. "수실로 돌아가시오. 그리고 아침에 한 번, 저녁에 한 번, 밤 중에 한번만 기도하시오. 배가 고프면 먹고 목이 마르면 마시고 피곤하면 자시오. 어쨌든지 수실 안에만 머물러 있으면서 지금의 그 생각만은 하지 마시오." 그 형제가 다른 교부 요한을 찾아 가르침을 요청하자, 요한은 다음과 같이 권면하였다. "기도하지도 말고 수실에만 머물러 있으시오."[129] 유혹 앞에 수실을 뛰쳐 나가려는 형제에게 파프누티우스는 최소한의 영적 활동을 하더라도 수실에만 머물러 있도록 권면한 것이라면, 요한은 아예 모든 수덕적 활동을 중단하더라도 수실에 정주하는 일만은 포기하지 말도록 격려한 것이다. 이와 마찬가지로 어느 날 마귀의 공격에 넘어간 제자를 위해 수실을 지어준 교부 헬라클리데스는 다음과 같이 명한다. "이제부터 제가 당부하는 대로 행하시기 바랍니다. 시험 당할 때마다 먹고, 마시고, 잠을 자도록 하십시오. 단, 토요일이 되기 전까지는 수실 밖으로 나와서는 안됩니다."[130]

　　이같은 수실을 지키기 위한 분투는 믿음이 약한 수도사들에게만 국한된 문제가 아니었다. 수실을 떠나려는 유혹에 시달린 교부 테오돌과 루시우스는 "이번 겨울을 지나면 이곳을 떠나겠어"라고 말하며 자신들에게 임한 시험을 조롱하면서 그들의 일생을 한 곳에서 버텼다고 전해진다.131 한 무명의 사막의 교부는 9년간 매일같이 내일은 떠나리라는 생각을 하며 한 수실에 정주했다고 전해진다. "다음 날 아침이면 주님을 위해 다시 한번 오늘도 힘써 보자고 흔들리는 마음을 붙잡고 9년을 살았더니 더이상 수실을 떠나고자 하는 유혹이 물러났다."132 혹독한 사막의 수덕 생활 속에서 살았던 사막의 교부들도 9년 아니 평생을 수실에서 뛰쳐나와 떠나고픈 유혹에서 한시도 자유롭지 못한 채 분투하며 살았다고 한다면, 난비하며 이동성의 문화에 길들여져 살아가는 현대의 그리스도인들에게 수실을 지키기 위한 노력은 얼마나 턱없이 부족한지 모르겠다. "너는 기도할 때에 네 골방cell에 들어가 문을 닫고 은밀한 중에 계신 네 아버지께 기도하라 은밀한 중에 보시는 네 아버지께서 갚으시리라"마6.6과연 그 은밀한 골방에 오늘날 우리는 오래도록 머무를 수 있는가?

삶의 규칙 Rule of Life
하나님 나라의 어려움은 어떻게 평범한 일상을 살아가느냐에 있지, 어떻게 특별한 삶을 맞이 할까에 있지 않다. 그런 점에서 즉각적 만족 신드롬에 사로잡혀 살아가는 현대인들에게 정주는 일상의 소소함과 거대한 목표 사이를 잇는 연결고리가 되어 준다. 정주를 통해 우리는 망상과 허세가 아닌 지극히 일상적인 현실을 마주하며, 성공을 향한 특출함이 아닌, 성장을 위한 평범함에 주목하게 된다. 정주하는 영성이 가져다 주는 큰 유익은 지금 여기here and now에 대한 주의 집중에 있다. 그것은 마치 밭을 가는 농부와도 같이 그 이상도 아닌 눈 앞의 현실을 바라보게 한다. 정주는 매일의 밭고랑 갈기처럼 그 깊이 패인 자국들이 바른 길임을 믿고 나아가는 묵묵한 신뢰의 발걸음이다. 정주는 일상 속에 듬뿍 잠기게 하지만, 농부가 추수의 소망을 품듯 매일의 일과 속에서 내일의 소망을 망각하지 않는다.133

존 F. 알렉산더John F. Alexander는 그리스도인의 거룩한 삶의 비결은 "알람 시계"라고 답한 바 있다.134 그리스도 안에서 우리가 자라나는 비결은 오직 매일 정해진 시간에 일어나 하나님을 찾고, 그 말씀대로의 삶을 살기 위해 최선을 다하는데 있다. 매일, 매주, 매년 반복되는 그 자리를 지켜가는 가운데 우리는 성장하는 것이다. 그것이 나를 따라오려거든 자기를 부인하고 "날마다"daily, hemera제 십자가를 지고 나를 따르라고 말씀하신 예수님의 말씀의 참 의미이기도 하다.눅9:23주님께서는 십자가를 단번에 짊어지라거나, 일년치를 한번에 해치우라는 식으로 말씀하지 않으셨다. 바울이 "나는 날마다 죽노라"고전 15:31라고 고백한 말씀 속에도 정주하는 그리스도인의 삶의 모습이 깃들어 있다.

사막의 수도사들은 매일의 삶 속에서 정주를 지켜내기 위해 삶의 규칙rule of life에 따라 살아갔다. 제한된 수면 시간, 금식과 소량의 식단, 정해진 시간에 드리는 기도와 묵상, 노동하는 시간, 이웃을 만나는 시간과 만나지 말아야 할 시간 등, 사막 교부들의 금언집을 통해 두루 나타나는 각 교부들과 교모들의 수덕적 삶의 모습은 다양하다. 초기 사막의 수도사들은 홀로 수도생활을 하였기 때문에 그 삶의 규칙도 제각각이었다. 그러나 파코미우스를 통해 처음으로 공주 수도원이 형성된 이후로는 공동생활을 위한 규범집은 중요한 영성형성의 도구가 된다. 훗날 수도원 마다 존재하는 수도원의 규범집 중에서는 베네딕트의 규범집이 가장 널리 알려졌고, 현대에 이르기까지 다른 수도원의 규범집에도 지대한 영향을 끼쳤다. 이 베네딕트 규범집도 역시 사막의 수도원 전통에 뿌리를 두고 있고, 그 첫 장부터 정주하는 수도사의 중요성에 대해 다른 어느 규범집보다 강조하고 있는 것을 볼 수 있다.

정주하는 사막의 수도사들은 이러한 삶의 규칙 속에서 자신의 수실에 머물며 매일의 삶 가운데 하나님 앞에서 자신을 성찰하여 마음 속에 있는 정념들을 찾아 내는 일에 주력했다.135 삶의 규칙은 마치 안경과도 같다. 우리는 안경 자체를 보지 않고, 안경을 통해 삶을 바라본다. 마찬가지로 삶의 규칙 자체가 의미가 있는 것이 아니라, 그것을 통해 우리는 우리의 삶을 보다 잘 조망하게 된다는 점에서 삶의 규칙은 중요하다. 라틴어로 규칙을 뜻하는

regula의 본래적 의미는 이정표 혹은 난간이다. 인간이 삶의 목적지를 향해 나가갈 때, 그 방향을 가르쳐주는 이정표와 같은, 삶의 비탈진 길에서 붙잡고 오를 수 있는 난간과 같은 역할을 해 주는 것이 삶의 규칙이다.136 이 삶의 규칙을 통해 우리는 이미 우리의 삶 속에서 일하시고 계신 하나님, 거기서 보여주시는 나의 이웃들의 모습을 발견한다. 그런 모든 만남의 진실됨과 진심을 구현할 참된 자아를 보도록 돕는 것이 삶의 규칙이라 하겠다. 삶의 규칙을 통해 사막의 수도사는 "파도를 헤치고 배를 저어가는 도선사처럼, 은혜의 인도하심을 받아 항로를 고수"할 수 있게 된다.137

그에 반해 오늘날 개신교는 규칙의 문제로 들어오면, 율법주의를 운운하며 상당히 배타적이 되곤 한다. 문제는 우리에게 규칙이 없는 것이 아니라, 오랜 시간 동안 나쁜 규칙을 발전시키고 있었다는데 있다. 우리의 실상은 세상적인 일과 안락한 삶을 위해서 최적화된 규칙을 갖고 살아가고 있었던 것인지 모른다. 예를 들어 물건을 사기 위해 특별한 규칙이 없다고 말하는 이들은, 사실상 돈만 충분하면 산다, 마음이 끌리면 산다, 디자인이 좋으면 산다 등과 같은 드러나지 않는 실용적인 규칙을 품고 살아가는 경우가 많다. 속지 말아야 한다. 우리는 영적인 삶의 영역에서 유독 규칙대신 내면성만을 강조하는 경향이 있다. 율법적이 되지 말고, 마음에서 하나님을 찾아야 한다는 나름 '기특한' 논리 때문이다. 그러나 이내 우리는 깨닫는다. 이렇게 되면 영적 삶은 곧잘 우리의 변덕스러운 감정의 지배하에 놓이기 쉽게 된다는 사실을 말이다. 삶의 규칙이 부재할 때, 우리의 삶은 한 자리에 뿌리내리지 못하며, 주변 상황들 앞에 질질 끌려 가는 표류하는 인생이 되기 쉽다. 그것이 진정한 자유일까? 하나님 한분을 향한 단순성을 위해서 우리의 삶은 보다 단단히 정박 되어야 한다.

거창한 신학이 아닌, 반복되는 습관이 인간을 형성formation하는 법이다. 이에 반해 오늘날 신학은 거창하지만, 경건의 알맹이는 부재한 그리스도인들이 많다. 어떻게 되어야 한다는 것은 잘 알지만, 그것을 위한 과정에서의 소소하지만 묵묵한 훈련이 부재하기에 앎과 삶이 늘 분리되고 만다. 문제는 습관이며, 그 습관을 이루는 정주에 있다. 사막의 수도사들은 수실에 정주하며 그들의 반복된 삶의 일과들 속에서 그들 자신을 하나님 앞에 바르게 세워 나갔다. 그들은 거창한 신학을 부르짖지 않았지만, 그 견고한 삶을 통한 울림은 시대를 뛰어넘어 현대의 우리에게까지 전해진다.

지역성locality을 회복하는 그리스도인 되기

크리스토퍼 스미스Christopher Smith는 그의 책『슬로처치』Slow Church에서 정주와 관련해 "그 지역의 향기"라는 프랑스어 "구드 테루아르"le gout de terroir라는 표현을 소개하며 다음과 같이 그 의미를 부연설명하고 있다. "자연의 요소와 사랑이 만든 것이 결합하면, 각 지역의 농촌은 물로 거기에서 재배되고 만들어지는 음식에 독특한 특성을 부여한다. 마찬가지로 슬로처치는 지역의 고유한 맛과 향을 담아내는 믿음의 공동체를 지향한다."*138* 온전한 사랑을 위해 "우리가 뿌리내린 지역의 운율을 배우고 거기에 몸을 맡겨 살아가는" 것이 필요하다. 이같은 지역과 사람들에 대한 정주의 중요성은 주님의 성육신 사건을 통해 이미 확증되었다. 유진 피터슨은 요한복음 1장 14절을 다음과 같이 번역하여 그 의미를 더 생생하게 전해준다. "말씀이 살과 피가 되어 이웃에게로 들어오셨다."

그리스도인의 정주는 선택 사항이 아닌, 그리스도의 성육신 사건을 믿는 자의 삶의 고백으로 드러나야만 한다. 그러나 오늘날 대부분의 지역교회는 그 '지역성'을 잃어버린지 오래다. 세계를 품은 지역교회는 많지만, 그 지역에 뿌리내리며 성육신적 삶을 살아가는 교회는 보기 드물다. 목회자는 "그 지역의 향기"에 맞춘 목회가 아닌 성공한 대형 교회의 프로그램과 매뉴얼을 쫓아가기에 급급하다. 그것은 더이상 성육신적incarnational신앙이 아닌 탈육신 excarnational신앙을 강화할 뿐이다.

우리가 가슴 아프게 기억하는 세월호 사건에서 세월호를 지칭하는 세월의 한자어는 歲月이 아닌 世越 이다. 즉 세상을 초월한다는 의미를 갖는다는 점에서 너무도 상징적인 이름이라 할 수 있다. 이에 대해 백소영은 "세상을 초월한, 생명을 경시하는 풍조가 만들어낸 비극"이라 설명하고 있다.*139* 좀 더 신학적 해석을 가미해 설명하자면, 세상을 초월하는데 몰두한 탈육신적 지역 교회는 결코 함께 아파하지도, 머물지도, 품지도 못한다는 사실을 극명히 보여준 사건이 세월호 사건이라 할 수 있지 않을까? 그런 점에서 세월世越의 반대는 정주가 아닐까?

정주가 부재할 경우, 인생은 마치 사사기와 같다. 그 삶 가운데 왕이 없음으로 제각각 자기가 좋은대로 삶을 살아가는 임의적 삶, 난비하는 삶이 주류를 이룬다. 반대로 정주가 삶의 중심이 될 때, 우리의 삶은 마치 룻과도 같을 것이다. 혹독한 시련과 실패한 듯 보이는 그녀의 인생 가운데도 룻은 그 시어머니 곁을 떠나지 않았고, 자신의 자리를 끝까지 지킨 여인이었다. 룻기의 결말은 룻을 통해 다윗의 할아버지인 오벳이 태어남으로, 남편을 잃은 연약한 한 모압 여인의 삶이 하나님께서 인류를 통해 이끌어 나가시는 구속사의 중요한 부분을 차지하고 있는 것을 볼 수 있게 해 준다.룻 4:17-20이같은 룻의 축복의 비결은 바로 정주였다.

룻의 이 아름다운 이야기가 오늘날 우리의 이야기로 이어지기 위해서는 우리의 주어진 삶의 자리와 거기서 만나는 사람들을 더 소중히 끌어 안아야 할 것이다. 어딘지 모르는 먼 나라의 약자에 대해 불쌍히 여기는 순간의 값싼 감정보다, 내 곁의 한 사람의 말 못할 아픔에 밤새 귀 기울여 주고, 그 손을 말없이 감싸줄 수 있는 지금 여기에서의 화려하진 않아도 묵직한 환대가 우리에겐 필요하다. 이상적인 공동체에 대한 꿈보다, 여전히 그리스도 안에서 지어져 가는 지금 여기에서의 지체들에 대한 인내와 기다림이 우리에겐 필요하다. 문제는 외부에 있다고 믿는 조바심보다, 지금 여기에서 나를 성찰하며 깎아 내는 분투가 우리에겐 필요하다.

예수님께서 십자가에 달리시기 전 겟세마네에서 제자들에게 마지막으로 부탁하신 것 역시 머무름, 정주였다는 사실이 사뭇 새삼스럽다. "내 마음이 매우 고민하여 죽게 되었으니 너희는 여기 머물러 나와 함께 깨어 있으라." 사막의 수실은 그런 머무름을 위한 상징적인 자리였다. 사막의 수도사들은 결코 방문객들에게 수도사가 되라고 말하지는 않지만, 그들은 모든 사람에게 이같은 수실이 필요하다고 속삭인다. 거기서 삶의 모든 순간 가운데 하나님 안에서 성찰을 위한 시간 속에 머물라고.

성찰과 토론

1. 지그문트 바우만이 말한 유동적 공포의 시대를 살아가고 있는 나라는 사실에 공감하는가? 어떤 면에서 그렇게 느끼는지 서로 이야기 해보자. 본 장에서 특별히 그런 유동적 공포의 시대에 어떠 면이 정주하는 신앙에 해롭다고 이야기 했는가에 대해 답해 보자.

2. 정주는 이상적인 공동체나 환경이 아닌 하나님의 신실하심에 뿌리를 두고 있다. 당신은 이 말에 공감하는가? 각자의 다양한 경험들을 나누는 가운데 이 말의 의미를 실제적으로 공유해 보는 시간을 가져보자.

3. 사막의 교부들과 교모들의 영적 훈련은 수실이라는 공간에서 이루어졌다. "가서 당신의 수실에 머무시기 바랍니다. 수실이 모든 것을 당신에게 가르쳐 줄 것입니다" 라는 교부 모세의 말을 교훈 삼아 수실에 머무는 훈련을 매일 꾸준히 갖도록 해 보자. 결코 처음부터 욕심을 낼 필요는 없다. 중요한 것은 양보다는 꾸준함이다. 때론 더 급한 일의 횡포도 있을 것이며, '정오의 악마' 가 당신을 유혹할 수도 있다. 수실은 생산성의 자리가 아니다. 온갖 잡념에 빠지는 날이라 할지라도 뛰쳐 나오지 말고, 그 시간 그 자리를 지켜가기 바란다. 수실에 머무는 일

은 홀로 하지만, 반드시 지체들과 당신의 상황에 대해 서로 수시로 이야기를 나누고, 기도해 주도록 하자.

4. 삶의 규칙은 시간의 수실이라고 할 수 있다. 하나님 나라의 백성답게 나의 시간표를 하나님 나라에 맞춰 나가는 일은 중요하다. 나에게 주어진 매일의 삶과 매주의 삶 가운데 어떻게 하나님을 사랑하고, 이웃을 사랑할 것인지, 그것을 위해 환대의 규칙과 저항의 규칙을 구분하여 각각 세워보라. 하나님/이웃을 내 삶 가운데 온전히 맞이하는 환대의 규칙들과 하나님/이웃 사랑을 방해는 나의 잘못된 습관들을 막는 저항의 규칙들을 각각 세워보자, 각자 세운 삶의 규칙들을 서로 나누어 보고, 지체가 더 건강하고 균형 있기 삶의 규칙을 수행해 나가도록 격려하며 필요한 조언을 주도록 하자.

5. 당신의 교회는 정주하는 교회인가? 또 그래야 한다고 생각하는가? 만일 그렇다면 진정한 지역성을 회복하는 교회, 그리고 가까운 이웃을 향해 몸소 나아가는 나의 삶이 되기 위해 나의 교회와 내가 할 수 있는 일들을 함께 나누어 보자.

5장＊급진적 정직

하나님 당신을 알기 위해서 제 자신을 알도록 도우소서.(어거스틴)*140*

숨을 들이쉬지 않고 견딜 수 없듯이 생각들의 도발을 막을 수는 없습니다. 그러나 그 생각에 저항할 수는 있습니다.(포에멘)*141*

'영성'이 한국 교계에서 주목을 받기 시작하면서, 그동안 소개되지 않았던 다양한 기독교 영적 훈련의 전통들이 봇물처럼 쏟아져 나와 소개되고 있다. 모두 귀한 영적 훈련들이지만, 정작 중요한 것은 그 많은 훈련들을 단순히 잘 학습 하는데 있는 것이 아니라, 그것을 통해 나의 거짓된 가면들을 벗겨내는데 있다. 가면을 벗는 일이 목적이 될 수는 없겠지만 그토록 중요한 것은, 가면을 벗은 참된 자아를 통해 우리는 하나님을 진실되고 인격적으로 만날 수 있기 때문이다. 실제로 교회사를 통해 위대한 영성가들의 공통점 가운데 하나는 자신을 아는 일에 주력했다는데 있다. 그리스도 안에서 내가 변화되기 위해서는 하나님을 아는 일과 함께 나를 아는 일이 중요하다. 왜냐하면 하나님을 만나는 대상은 바로 나의 자아이기 때문이다.

사막으로 물러나 수실에 머물면서 사막의 수도자들이 찾고 또 찾았던 것도 그들의 자아였다. 분주한 외적 활동성 가운데 빈번히 방치되어 근심, 염려, 조바심, 불안, 공포, 우울함 등과 같은 잿더미 아래 질식되곤 하는 인간의 내면세계를 누구보다 소중히 여긴 이들이 이들 사막의 영성가들이었다.

아타나시우스의 성육신론

『사막 교부들의 금언집』이 당대의 기독교 문헌들과 구별되는 점이 있다면, 특정한 신학 이론이나 문헌에 대한 해석이 아닌 전적으로 내적 경험들을 토대로 하고 있다는 점이다.[142] 내면의 생각들을 가지고 수시로 사막 교부들과 교모들을 찾아와 질문하며 고백하는 제자들과 이웃들을 위한 영적 지도의 내용이 바로 금언집이기 때문이다. 그런 점에서 사막 교부들의 금언집의 실제적인 주인공들은 안토니나 포에멘과 같은 교부들이 아닌, 그들에게 서슴없이 자신의 생각들을 고백하던 이름 모를 수많은 수도사들과 방문객들이라고 할 수 있다.

자신들의 생각을 끊임없이 성찰하고 고백하는 일은 사막의 영적 훈련의 핵심이었다.[143] 사막의 수도자들의 주된 영적 훈련은 수실에 머물면서 자신의 내면에 들어온 생각들에 대한 분투에 있었다. 그들에게 있어서 내면의 생각들은 그 어떤 영적 훈련의 도구보다 자신들을 변화시키고, 진보하도록 이끌어 주었다. 반대로 다른 금욕적인 훈련들을 제아무리 강도 높게 수행하더라도, 내면의 생각들을 정직하게 성찰하며, 고백하지 못한다면 그는 사실상 그 누구보다 위태로운 영적 상태에 있는 것으로 간주되었다. 원수는 자기 생각을 털어놓지 않는 사람들을 가장 좋아하기 때문이다.[144]

사막의 교부들과 교모들이 인간 내면의 생각을 영적 형성에 있어 핵심으로 본 데에는 아타나시우스Athanasius, c.296-373의 영향이 지대했다. 4세기 이집트 교회사에서 가장 중요한 인물 중 하나였던 아타나시우스는 사막의 교부들과 교모들과 교류하며 신학적으로 큰 영향을 주었다. 무엇보다 아타나시우스는 인간이 말씀Logos이신 하나님의 형상으로 창조되었다는 사실을 주목한다. 다시 말해, 인간 영혼은 항상 하나님을 관상contemplation하도록 그 지각nous을 물려 받았다는 것이다.[145] 지각을 가진 인간은 이성적이다. 인간은 감각들을 다스리며, 자신들이 본 것을 성찰하며, 충동을 다스리고, 무엇이 최상인가를 분별하고 결정한다. 특히 인간의 육체가 잠잠할 때, 이성적인 영은 외부에 있는 것을 바르게 목도한다. 이때 영과 마음은 하나님을 주목하고 관상할 수 있게 된다.

하나님의 형상대로 지음 받은 인간의 지각은 창조주가 만드신 피조물을 있는 그대로 파악하도록 지음 받았다. 존재하는 것을 있는 그대로 보는 것이야말로 선한 것이다. 반면, 존재하는 것에 대한 왜곡된 시각, 망상, 집착, 두려움 등은 악과 관련된다. 아타나시우스에 의하면, 마귀는 참된 물리적 실재가 아니다. 그것을 자신들의 모습대로 고안하고 상상한 것은 다름 아닌 인간이었다.롬 1.25악은 실재가 아닌 이러한 인식의 왜곡에서 비롯된 것이다. 모든 창조된 것은 창조주로부터 온 것이다. 그 어느 것도 그분으로부터 지은 바 되지 않은 것이 없기 때문에, 만약 마귀가 만들어진 것이라면, 그것은 곧 하나님이 창조하신 것이 되고, 그렇게되면 하나님의 선하심과 선한 것을 창조하시는 하나님의 성품과대립되게 된다. 이처럼 아타나시우스는 독립된 개체로서의 악의존재를 인정하는 당대의 그리스 철학 사상을 받아들이지 않았고, 물질이 악의 원천이라는 이원론적인 영지주의조차 거부하면서, 모든 악에 대한 관념은 인간의 상상과 생각에서 온 것이라고 주장한다.*146*

　　본질적 실재로서의 악을 부정하는 아타나시우스의 신학은그가 쓴 안토니의 생애는 물론이고 사막 교부들의 금언집이나 팔라디우스의 글 등과 같은 사막 교부들의 문헌을 이해하는데 있어큰 도움을 준다. 첫째, 아타나시우스의 마귀론은 사막의 영성을다루는 주요 문헌들에 이따금씩 등장하는 마귀와의 싸움을 신화적이고 과장된 문학적 장치로 보기 보다는 인간 내면의 악한 생각에 대한 분투라는 관점에서 볼 수 있도록 도와준다. 둘째, 사막 교부들과 교모들의 혹독한 수덕적 삶은 자칫 물질적 삶과 영적 삶을분리하는 이원론적 삶으로 비판되기 쉬운데, 사막의 수도사들에게 물질은 본래적으로 하나님으로부터 온 선물이기에 창조주를 찬양하며, 묵상하고 음미하도록 이끄는 대상이었다. 악은 물질 자체에 있는 것이 아니라 인간이 물질과 어떻게 관계를 맺느냐 혹은 물질을 어떻게 인식하느냐에 달려 있다. 물질이 인간의 감각들을 장악하고 이성을 마비시키는 것에 대한 긴장감과 두려움은 항시적으로 존재한다. 물질에 대한 사막 교부들과 교모들의 경계와 절제는 그 같은 맥락에서 이해해야 할 것이다.[147]

아타나시우스에 따르면, 인간의 영적 생활에서 중요한 것은 어떻게 자신의 지각을 물질에 대한 잘못된 정념에 빠지지 않도록 통제하느냐에 있다. 인간이 순전할 때 그들은 하나님을 깊이 생각하며, 하나님을 대면할 수 있었다. 그러나 그들이 자신들의 몸과 그 감각들을 더 많이 생각하게 될 때, 그들은 하나님과 하나님께 속한 것을 있는 그대로 보는 법을 상실하고 말았다. 인간은 자신들의 욕망에 더 기대게 되었고, 그 욕망에 따라 사는 것이 더 편한 존재가 되고 말았다. 그것은 일종의 몸에 벤 습관과도 같이 되어 어느 순간 인간은 더 이상 하나님을 주목하는 법을 상실하고 만다. 죽음의 공포에 예속된 존재가 되고 만 것이다. 이처럼 인간 영혼이 하나님에 대한 깊은 묵상에서 멀어질 때, 그 영혼은 물질이 제공하는 즉각적 만족에 끌리고 만다. 아타나시우스는 이러한 감각의 즉각적 만족을 표현하는 성경의 용어가 바로 "우상"이라고 주장한다.[148] "그들이 알지도 못하고 깨닫지도 못함은 그들의 눈이 가려서 보지 못하며 그들의 마음이 어두워져서 깨닫지 못함이니라"사 44:18유일하신 하나님을 대적하며 다른 신들을 숭배하는 이스라엘에 대한 이사야서의 묘사는 아타나시우스가 묘사한 인간 지각의 타락한 모습을 잘 드러내 준다. 사막의 교부들과 교모들도 이같은 피조물에 대한 우상화에 맹렬히 반대했다.149

말씀이신 하나님의 형상을 닮아 지각하도록 지음 받은 인간의 타락은 하나님을 묵상하지 않는 편을 택하도록 이끌었다. 이제 그들의 마음은 감각들에 끌려 일시적이며 물질적인 것들을 신들로 간주한다. 아타나시우스는 이같은 인간의 타락을 회복시키고 구원하기 위해 성육신이 있었음을 설명한다. 성육신은 하나님을 온전히 묵상하지 못하는 인간을 위해 하나님이 주신 최후의 수단이다. 하나님은 계시와 예언자들과 말씀을 통해 하나님이 아닌 피조물을 숭배하는 인간을 되돌려 놓기를 원하셨다. 그러나 그 어떤 방법으로도 인간이 하나님을 바르게 알지 못하자, 아버지 하나님은 그 아들을 통해 당신을 드러내시는 성육신이라는 극단적 대안을 내놓으신 것이다.150

성자 하나님이신 그리스도의 성육신으로 말미암아 인간은 보이지 않는 하나님을 인식하고 하나님을 이 전과 같이 주목하며 관상할 수 있는 존재로 회복 되었다. 사막의 교부들과 교모들은 이같은 아타나시우스의 성육신 신학을 이해하며, 그들 스스로 그리스도의 성육신적 삶을 구현하는 삶을 추구했다. 그들은 그리스도의 성육신을 통해 인간에게 회복된 관상적 삶contemplative life을 전적으로 수용하고자 애썼다. 그들은 마음과 생각의 청결함을 위해 끊임없이 노력했으며, 하나님의 임재 앞에 항상 그들의 감각들을 집중하고자 했다. 안토니가 죽은 뒤 얼마 되지 않아 완성된 아타나시우스의 『안토니의 생애』는 그리스도의 성육신과 관련하여 그의 신학을 통해 설명하려 했던 내용들이 실제로 사막의 교부 안토니를 통해 어떻게 구현되었는가를 예시한 책이라 할 수 있다. *151*

악한 생각에 대한 급진적 정직

악의 기원은 인간의 생각nous이다. "속에서 곧 사람의 마음에서 나오는 것은 악한 생각 곧 음란과 도둑질과 살인과 간음과 탐욕과 악독과 속임과 음탕과 질투와 비방과 교만과 우매함이니 이 모든 악한 것이 다 속에서 나와서 사람을 더럽게 하느니라"막7.21-23 이같은 이유로 사막의 교부들과 교모들은 자신들의 수실에서 끊임없이 자신들의 내면에 들어오는 악한 생각들logismoi과 분투했다.

훗날 그레고리 대제Gregory the Great, 540-604나 토마스 아퀴나스Thomas Aquinas, 1225-1294 에 의해 체계적으로 정리됐던 일곱가지 치명적 죄악의 기원은 사막의 교부들과 교모들로부터 기원한다. 사막이라는 혹독한 환경은 자신 자신을 대면하는 실험실이 되어주었고, 내면의 생각에 대한 급진적 정직을 강조했던 사막의 수도사들은 스스로를 임상실험의 대상이 되게 함으로 인간 내면에 들어오는 죄악에 대한 신학을 정립하였다. 식탐, 탐욕, 허영심, 시기, 나태acedia, 정욕, 분노로 일컫는 죄악은 "죄악된 생각들"이라고 칭하는 것이 보다 더 정확한 표현이다. 대부분의 시간을 사막의 독방에서 보내는 수도사들에게 찾아온 유혹들은 이들 일곱가지 유형으로 분류되는 "생각들"logismoi이었다.*152*

인간의 생각은 악을 도모하거나 하나님을 찬양하는 방향으로 나아간다. 아타나시우스는 예수님의 산상설교에서의 가르침과도 같이, 인간이 그 생각을 다스릴 때, 청결한 마음을 갖게 되며 하나님을 본다는 사실을 강조한다.마5:8사막으로 물러난 수도사들에게는 오직 한가지 목적만이 있었다. 하나님과 함께 하고 하나님과 그들 사이에 더이상 아무 것도 없게 하는 것이었다.*153* 고요함을 찾아 사막으로 물러난 그들은 그 고요함 중에서 하나님을 향한 묵상과 기도를 가로막는 가장 큰 장애물을 만나곤 했는데 그것이 바로 내면의 생각들이었다. 사막에서는 외부적인 소음은 그친다. 그러나 바로 이때 더 요란하게 들려오는 소리가 바로 내면의 소리들이다. 하나님을 온전히 묵상하며 그 분 곁에 머물기 위해서는 마음의 청결함을 지켜야 하는데, 이를 위해서는 내면의 소리들이 잠잠해져야만 한다. 하나님은 마음이 청결한 자들에게 보이시며, 내적 고요함 중에 말씀하시기 때문이다.왕상19:12이에 사막의 교부들은 매순간 스스로의 내면의 소리를 세심하게 주의 깊게 성찰했다.

에바그리우스는 온전한 기도자가 되기 위해 그 정념을 다스리는 훈련을 집중적으로 다룬『프락티코스』*Praktikos*를 통해 내적 성찰의 중요성을 다음과 같이 묘사한다.

"만일 어느 수도사가 보다 맹렬한 악마들을 상대하며 그들의 술책에 정통하기를 바란다면, 그로 하여금 신중히 그의 생각들을 살피도록 하라. 그들의 맹렬한 강도와 그 약화되는 주기를 관찰하도록 하라. 그의 복잡한 생각들과 생각들의 주기를 기록하게 하라… 그리고 그가 관찰한 생각들을 그리스도께 아뢰라. 악한 영들은 이같은 관상적인 방법으로 훈련하는 자들을 매우 못마땅해 한다. 그들은 "마음 바른 이들을 어두운 데서 쏘려" 하기 때문이다.*154*

에바그리우스는 수도사의 내면에 들어온 악한 생각들logismoi의 흐름, 주기, 강도, 변화 등을 일일이 관찰하여 기록하는 일의 중요함을 일깨우고 있다. 그리고 그것을 그리스도께 드리라고 한다. 그것으로 기도하라는 것이다. 나의 생각에 대한 주도면밀한 성찰을 주님 안에서, 기도 가운데 하라는 것이다. 단순히 스스로의 자각이 아닌, 죄악된 생각에 대한 궁극적인 설명과 그 뿌리 찾기는 그리스도께서 이루어주신다는 것이다. 이처럼 사막의 기도는 그리스도의 성육신으로 회복된 인간 지각을 통한 분별의 기도가 되는 것이다.

인간의 생각들은 과거의 사건과 경험을 근거로 어떤 잔상을 남기며, 그것을 통해 그 안에 어떤 악한 생각과 감정이 주입된다. 모든 생각, 모든 과거에 대한 회상이 나쁜 것이 아니지만, 항시적으로 인간 내면의 고요함을 방해하는 악한 생각들의 해악을 안다면, 우리는 보다 우리 내면의 여러 생각과 감정들의 정체에 대해 분별력을 키워야만 한다. 그런 점에서 우리의 의식 속에 끊임없이 들어오는 생각들과 감각적인 대상들로부터 자유한 경건을 이루기 위해 쉬지 말고 기도하라고 하는 것이다.

사막의 교부 포에멘은 많은 생각들이 자신을 끊임없이 공격하는 상황에 대해 하소연하는 형제에게 "숨을 들이쉬지 않고 견딜 수 없듯이 생각들의 도발을 막을 수는 없습니다. 그러나 그 생각에 저항할 수는 있습니다"라고 답한다.[155] 공기를 들여 마시듯, 우리 안에 악한 생각들logismoi이 들어오는 것 자체를 막을 수 없다. 다만 하나님의 피조물인 인간 편에서 할 수 있는 것은 그 악한 생각들에 대해 끊임없이 저항하며, 분투하는 일이다. 악한 생각에 대해 분투하는 것이야말로 수덕적 삶의 핵심이었기에, 안토니나 에바그리우스는 한 목소리로 이같은 정념의 유혹과 시험이 없이는 누구도 구원받지 못할 것이라고까지 강조하고 있다. 같은 맥락에서 난쟁이 요한은 스스로 내적 정념의 유혹이 사라지고 평화가 찾아왔다고 기뻐하는 형제에게, 오히려 "가서 하나님께 전쟁을 일으켜

달라고 기도하십시오"라고 권면한다.[156]

　　그러나 내면의 생각들을 주목하며 분별해 내는 일은 홀로 독방에서 수행되지만은 않았다. 사막의 교부들과 교모들은 악한 생각에 대한 내적 성찰, 분별, 참회의 과정이 수도자 홀로 짊어져야 하는 싸움으로 보지 않았다. 콜롬바 스튜어트Columba Stewart는 "급진적 정직"이라는 표현을 통해 이들 사막의 수도사들이 그들 자신을 사로잡는 생각들을 수시로 여과없이 그들의 스승 되는 교부나 교모에게 고백하는 훈련에 전념했던 사실을 주목한다.

> 마음이 진리의 빛 앞에 개방되어 그 안에 비밀과 장애물이 부재할 때, 마귀는 더이상 그 안에 머물 수도 숨을 수도 없게 되어 집착과 망상의 작업을 실행할 수 없게 된다. 빛과 공기가 들지 않는 인간 내면의 방에 둥지를 터 뒤틀리고, 삐딱하게 성장을 저해하게 할 기회를 얻기 전에 그 생각들은 진리의 장 앞에 들통나게 된다.[157]

　　급진적 정직과 그 고백은 마음의 청결을 이루기 위한 중요한 영적 훈련의 도구였다. 생각들을 인간의 마음에 답답하게 가두어 두기보다는 대낮의 빛 가운데로 내어 놓음으로 그것의 정체가 무엇인지 밝혀낸다는 의미에서 급진적 정직은 사막의 영성에서 항시적으로 강조되었다.

독거를 사랑했기 때문에 들소라고 불리웠던 독수도사 파프누티우스가 그 스승을 찾아가 자신의 생각을 고백하자, 스승은 "어디를 가든지 스스로 판단하지 마십시오. 그러면 평안할 것입니다"라는 말 외에 다른 말은 하지 않았다고 한다. 이에 파프누티우스는 그의 스승들이 살아 있는 동안 한 달에 두번씩 12마일의 거리를 걸어 그들을 만나서 자신의 생각들을 고백했다고 전해진다.[158] 한 형제가 사순절 기간에 포에멘을 찾아와 자신의 생각을 털어놓고 마음의 평안을 얻은 후에 자칫 포에멘에게 오지 않을 뻔 했노라 고백한다. 사순절 기간에 그 스승을 방해하고 싶지 않았기 때문이었다. 이에 포에멘은 다음과 같이 답한다. "우리는 나무 문을 닫는 것을 배우지 않고 혀의 문을 닫는 것을 배웠습니다."[159] 이는 단순히 자신을 방문한 형제에 대한 환대가 중요함을 의미한 것만이 아니라, 언제든 자신의 생각을 그 스승 앞에 알리는 일이 중대하며 스승은 그것을 위해 존재함을 강조한 말이었다. 안토니는 아홉 명의 수도사들이 고된 수덕적 삶을 이룬 뒤 영적 교만에 사로잡혀 더 이상 그 스승들에게 자신들의 내면의 생각을 낱낱이 알리지 않는 것에 대해 주의를 주면서, 어떻게 보면 지나치다 싶을 만큼 상세하게 자신들의 생각과 행동을 그 스승에게 고백할 것을 강조한다. "수도사는 할 수 있다면 어떤 잘못한 것과 연관하여 수실 안에서 몇 걸음을 걸었으며, 몇 모금의 물을 마셨는지 상세히 장상들에게 말해야 합니다."[160] 존 카시안은 급진적 정직의 훈련이 이집트 사막의 수덕적 삶에서 중요한 자리를 차지하고 있었는지 그가 관찰한 바를 제도집을 통해 다음과 같이 묘사하고 있다.

> 지도자는 완덕을 향하도록 지도받아야 하는 사람이…기만적이고 가상적인 겸손에 기초를 두고 있는지 실질적인 겸손에 기초를 두고 있는지 분별합니다. 쉽게 이것을 판단하기 위해서 마음속에 있는 방탕한 생각을 부끄럽게 여겨 감추지 말고 그것이 떠오르는 즉시 지도자에게 알려야 하며, 자신의 지혜에 따라 그러한 생각을 판단하지 말고 지도자의 조사와 판단에 따라 선한 것인지 악한 것인지 판단하라고 가르칩니다…그들은 지도자에게 생각을 알리는 것이 부끄럽다고 여겨지는 생각은 마귀에게서 온 것이라고 말합니다.[161]

수도사의 마음의 생각들을 언제든지 그 스승에게 고백하도록 권면한 사막의 교부들은 결코 권위적이거나 심판관의 모습이 아니었다. 오히려 그들의 역할은 하나님의 빛을 통과시키는 투명한 도구로서 제자 곁에 존재하며, 그들의 마음의 생각들을 경청하고 분별하며 격려하는 역할이었다. 교부와 교모의 자질은 그들의 통제력이나 지도력이 아닌, 인내하며 함께 동행해 주는 것으로 드러났다. 뿐만 아니라 사막의 교부들과 교모들은 그들 또한 제자들과 같은 연약함 중에 있는 존재임을 서슴없이 고백하며 그 제자들의 지속적인 급진적 정직과 영적 분투를 격려했다.

테오펨투스가 마귀에게 유혹을 받는 것을 안 대 마카리우스가 그의 수실에 찾아간다. 대 마카리우스는 그 마음의 생각을 솔직히 드러내지 않는 테오펨투스를 꾸짖기보다는, 자기 자신도 늙었지만 여전히 유혹이 많음을 고백한다. 그리고 구체적으로 간음의 영이 그 자신을 괴롭히고 있다고 말한다. 이에 테오펨투스가 자신도 그와 같음을 시인하며, 마음을 열고 자신을 공격하는 여러 생각들을 나눈다. 이런 과정 끝에 대 마카리우스는 테오펨투스에게 금식 시간을 조금 더 늘릴 것과 복음서과 다른 성경 말씀을 묵상할 것을 권면하였다.162 사막의 교부들은 결코 그 지체의 마음을 열기 위해 강요하거나 정죄하지 않았다. 그들은 관계 속에서 두려움 없이 머물 수 있고, 나눌 수 있고, 부서질 수 있는 공간을 만드는 일에 주력 했다.

참된 자아 찾기

사막 교부들의 금언에서 가장 많은 금언들이 수록되어 있는 인물은 포에멘이다. 이에 일부 학자들은 초기에 전승된 금언집은 포에멘의 금언들을 중심으로 이루어졌을 것으로 추정한다. 그러나 정작 포에멘의 금언들이 주목할만한 이유는 그 양이 아닌 내용에 있다. 자신의 생각을 고백하는 일을 중시했던 포에멘의 금언은 누구보다 급진적 정직과 참된 자아를 찾는 일의 중요함을 자주 이야기 해 주고 있다. 수도사가 되는 길에 대한 질문을 받은 포이멘은 "나는 누구인가?" 라고 끊임없이 스스로에게 물으며, 다른 사람을 판단하지 말라고 권면한다.163 그는 안토니의 말을 인용하며 "인간이 행할 수 있는 가장 위대한 일은 자신의 허물을 주님 앞에 내어놓고 숨이 끊어지는 순간까지 유혹이 임할 것이라고 예상하는 일"이라고 설명한다.164 온전함integrity이란 "항상 자신을 고발하는 것"이었다.165 따라서 "내 죄악을 아뢰고 내 죄를 슬퍼함이니이다"시38.18라고 고백한 시편 기자의 고백은 수도자가 매순간 간직하며 행해야 하는 영적 훈련이었다.166 자기 자신을 끊임없이 고발하는 사람은 사방에서 보호를 받기 때문이다.167

포에멘을 비롯한 사막 교부들과 교모들은 혹독한 자기 고발을 통해 참된 자아를 찾고자 했다. 그리스도 안에서 내가 변화되기 위해서는 하나님을 아는 일 만큼이나 나 자신을 아는 일이 중요하기 때문이다. 바울은 이같은 맥락에서 "너희는 믿음 안에 있는가 **너희 자신**을 시험하고 **너희 자신**을 확증하라 예수 그리스도께서 **너희 안에 계신 줄을 너희가 스스로** 알지 못하느냐 그렇지 않으면 너희는 버림 받은 자니라"고후13:5라고 고린도 교회의 성도들을 권면하고 있다. 그리스도 안에 살아 있는 하나님의 자녀라면, 무엇보다 자신의 참된 자아를 통해 그 중심에 계신 그리스도를 만나야 한다. 그러나 현실은 내 안의 참된 자아가 아닌, 외부로부터 온 거짓된 자아가 나의 나됨을 확증하도록 하는 유혹이 그칠 줄 모른다는데 있다.

이레니우스Irenaeus, 130-202의 그 유명한 말처럼, 하나님의 영광은 인간이 그 삶을 충만하게 살아가는데 있다. 예수님께서도 당신이 이 땅에 오신 이유에 대해 "생명을 얻게 하고 더 풍성히 얻게 하려는 것"이라고 말씀하셨다.요10.10다시 말해 예수께서 오신 목적은 단순히 생명을 회복하는 구속된 인간을 넘어, 당신을 통해 회복된 하나님의 형상대로 살아가는 인간됨을 충만히 구현하도록 하기 위함이었다. 그러나 문제는 우리는 여전히 거짓된 이미지를 구축하며 살아가는 일에 익숙하다는 것이다. 성장 중인 어린 아이는 오래지 않아 자신의 가치가 무엇을 가졌고, 무엇을 행하며, 다른 사람들이 자신을 어떻게 생각하는가에 달려 있다는 것을 알게 된다. 이에 어느 순간부터 그들은 스스로를 그렇게 보기 시작한다. 이와 같이 거짓된 자아를 구축해 가는 일은 인간의 평생에 걸친 작업이며, 어떤 대가를 지불하더라도 이루어야 할 과업처럼 보인다. 무엇을 가졌는가? 무엇을 행하는가? 다른 사람들은 나를 어떻게 생각하고 있는가? 우리 모두가 이같은 질문에 강박적으로 이끌림 받는다는 사실을 쉽게 확인할 수 있다. 스스로에게 왜 지금 불행한가를 물어보라. 무엇인가를 갖지 못하고, 하지 못하고, 남들에게 좋은 평을 받지 못하기 때문이 아닌가? 시기심, 분노, 욕망, 탐욕, 탐식, 나태, 허영심 등은 모두 이같은 거짓 자아가 구축한 마음의 상태에서 기승을 부리는 생각들이라 할 수 있다. 토마스 머튼은 인간이 처한 이같은 비극적 상황에 대해 다음과 같이 보다 극적으로 표현한 바 있다. "우리가 사회에서 서로에게 전염시키는 도덕적 질병 중 하나는 바로 이처럼 두려움 속에서 던진 질문에 대한 불충분한 대답이 주는 희미한 불빛 속에서 우리가 떼 지어 모여 살고 있다는 사실에서 발생한다."[168]

거짓된 자아는 불안정하다. 무엇을 가졌고, 무엇을 행하며, 사람들은 나를 어떻게 생각하는가에 대한 반응 속에 자신의 정체성을 세워 가는 인간의 내면에는 만성적인 두려움과 불안, 그리고 외로움이 자리하고 있다. 이에 인간은 곧잘 스트레스를 받고, 강박적이 되어, 약을 먹거나, 무언가에 집착 혹은 중독하게 되며, 상담가를 찾는다. 오늘날 신경증적 질병이 만연한 것도 이같은 거짓 자아를 구축하는 현대인들의 고단함이 축적된 결과라 할 수 있다.

예수님께서 광야에서 받으신 유혹도 무엇을 하느냐, 무엇을 가졌느냐, 사람들은 너에 대해 무엇이라 하느냐에 대한 것이었다. 예수님께서는 이같은 거짓 자아를 만드는 유혹에 대해 단호히 거절하셨다. 대신 예수님은 우리의 자아가 반드시 죽어야 한다고 말씀하셨다. 그것은 분명 거짓된 자아에 대한 말씀이었다. 인간이 구축해 나가는 거짓된 자아는 스스로를 가두고, 비참하게 종 노릇하게 만들기 때문이다.

거짓 자아를 허물고, 참된 자아를 찾는 것은 현대 심리학이나 기독교 영성에 의해 강조된 새로운 경향이 아니다. 위에서 살펴본 것처럼 성경과 사막의 교부들은 거짓된 자아를 죽이는 일을 하나님을 온전히 경험함에 있어 중요한 과정으로 보았다. 뿐만 아니라 교회사를 통해서도 나의 자아는 하나님을 아는데 있어서 핵심적인 도구임을 알 수 있다. 토마스 아 캠피스Thomas à Kempis, 1380-1471는 겸손한 자기 이해는 그 어떤 깊은 배움보다 하나님을 아는 확실한 길이라고 설명한다.*169* 어거스틴은 "하나님 당신을 알기 위해서 제 자신을 알도록 도우소서"라고 그의 고백록을 통해 기도하고 있다. 종교개혁가인 존 칼빈John Calvin역시 모든 거룩한 교리는 결국 하나님 알기와 우리 자신을 알기, 이 두가지로 요약된다고 설명한다.*170* 수도사 토마스 머튼은 영적 생활이란 다름 아닌 인간의 진정한 자아의 생활이라고 정의한 바 있다. 헨리 나우엔Henri Nouwen은 "나의 외로운 자아는 내가 찾고 탐색해야 하는 가장 우선되는 재료"라고 밝히고 있다.*171*

참된 자아가 된다는 것은 나를 유일하게 만드신 하나님의 창조에 대한 겸손한 순종의 응답이다. 반대로 가면을 쓴, 거짓된 자아로 사람들의 기대치에 의해 평균적 인간으로 살아간다는 것은 나를 유일하게 지으신 창조주에 대한 나의 믿음을 저버리는 행위가 되는 것이다.

하나님을 가장 가까이, 선명히 만날 수 있는 자리는 내 안의 참된 자아가 있는 자리이다. 문제는 우리가 그 자리까지 나아가기를 마지막 순간까지 꺼린다는데 있다. 망상과 환상이 거두어진 자리에 있는 나의 실체를 대면하는 일은 고통스럽다. 그런 자리보다는 보다 효율적인 외부적 활동성의 자리에 나를 두고 싶은 법이다. 이에 외적 활동과 내면성의 두 선택의 기로에서 우리는 많은 경우 전자를 택하곤 한다. 심지어 하나님을 아는 일에 있어서도 우리는 외부에서 답을 찾으려 한다. 내 중심에 머무시는 하나님을 찾아 나의 내면을 살피는 대신, 나는 다른 사람이 경험한 하나님의 이야기에 더 감동하고, 설득되며, 용기를 얻는다. 감동적인 설교, 책, 프로그램 등을 부지런히 쫓아 다니며 위로를 찾는 나에게 정작 필요한 것은 나의 내면을 돌아보면 일이며, 이미 그 안에 오래 전부터 계시는 나의 하나님을 만나는 일이다. 모세의 하나님도, 빌리 그래함의 하나님도 다 좋지만, 내가 경험하는 나의 하나님이야말로, 나에게 있어서 가장 중요하고 의미가 있는 것이다.

어거스틴은 하나님은 우리 자신보다도 우리 영혼에 더 가까이 계신 분이라고 속삭인다. 이 말은 하나님을 멀리서 찾으려 하지 말라는 말도 되겠지만, 나의 내면에서 참된 자아를 찾아가는 그 여정 가운데 이미 내 중심에 머물고 계신 하나님을 만나게 된다는 의미도 내포하고 있다. 불안과 공포 가운데 중심에 계신 하나님을 인식하지 못하며 난비하는 삶을 살아가는 현대인들에게 사막 교부들의 참된 자아 찾기로의 급진적 정직은 다른 어떤 영적 훈련보다

시급하게 적용되어야만 할 것이다.

귀향, 참된 자아를 찾아

사막의 수도사들은 단순히 물리적 사막으로의 여정에 나서는 자가 아니라, 그 자신의 내면을 향한 더 멀고 험한 여정에 승선한 자라고 할 수 있다. 그 내적 여정은 타인과의 물리적 결별이나 수실에 머무는 일보다 힘든 길로, 그 자신의 내면의 문을 닫고 그 자신에게로 돌아오는return to the self훈련이다. *172*

탕자의 비유에서 살아 있는 아버지의 유산을 미리 받고 먼 나라로 떠나 허랑방탕하게 살았던 둘째 아들은 얼마 되지 않아 모든 것을 잃고 폐인이 되고 만다. 그러나 비유의 반전은 그가 "스스로 돌이켜" 아버지와 살던 때를 생각한데 있다.눅15.17이 장면이야말로, 먼 나라에서 외면적 난비의 삶으로 소모적으로 살던 둘째 아들이 자신의 내면을 향한 새로운 여정을 시작하는 모습이라 할 수 있다. 헨리 나우엔은 그의 책 탕자의 귀향을 통해서 탕자의 귀향의 모티브를 통해 인간이 참된 자아를 찾아 하나님과 연합해야 한다는 영성 신학적 주제를 깊이 있게 성찰하고 있다. *173* 나우엔은 유대사회에서 살아 있는 아버지에게 유산을 달라고 하는 것은 "차라리 당신이 죽었으면 좋겠다"는 의미를 내포하고 있다고 설명하면서 이와 같이 과잉적 활동성의 주체로서의 나의 자유와 번영을 위해 하나님을 버리고 멀리 떠나는 탕자의 모습은 우리 모두의 모습임을 밝히고 있다. 실제로 우리는 탕자와 같이 세상 속에서 거짓된 자아를 통해 내가 가치 있는 존재임을 증명하려 한다. 이를 위해 하나님의 사랑을 거절하고, 나를 위한 안전하고, 긴급한 것들을 쫓아 누구도 찾지 못할 먼 곳으로 떠나간다. 사랑하는 아들로 딸로 부르시며, 있는 그대로의 나를 기뻐하시는 아버지를 신뢰하지 못하는 나는 그렇게 거짓 자아의 가면을 쓴 채로 고단한 삶을 살아간다.

사막은 그런 고단하고 지친 이들을 위해 필요하다. 거짓 자아의 가면에 가려진 참된 자아를 찾을 수 있는 자리가 사막이며, 수실이요, 깊은 침묵이다. 거기서 우리는 거짓된 자아를 구축하려는 온갖 유혹들의 실체를 대면한다. 그리고 그 너머에서 여전히 있는 그대로의 나를 믿으시며, 내 안에서 말씀하시고, 내 안에서 일하시는 하나님을 깊이 있게 경험하게 된다.

> 수도사는 매일 밤과 매일 아침에 자신이 행한 일 중에서 하나님께서 원하시는 일이 무엇인지, 그리고 하나님께서 원하시는 일을 하지 않고 넘긴 것은 무엇인지를 반성해 보아야 합니다. 일생 동안 이렇게 행해야 합니다.[174]

교부 니스테루스를 비롯한 사막의 교부들과 교모들은 수실에서 자신을 성찰하는 성찰의 기도를 매일 반복적으로 드리며 살았다. 외부적 활동성에 연연하는 세상 사람들과는 달리, 그들은 스스로를 살피는 일을 중요하게 다루었다. 그것은 그들이 자아도취적이기 때문이 아니라, 진정한 신앙은 나를 통해서 일하시며, 말씀하시는 하나님과의 깊은 만남 속에서만 가능하다는 사실을 알고 있었기 때문이다. 나의 생각, 말, 감정, 태도, 행동 하나 하나가 하나님 앞에 나를 변화 성장 시킬 수 있는 주된 재료들이 된다. 나를 찾지 않고는 하나님을 만날 수 없다. 그래서 나는 오늘날 내 스스로에 대해 신랄하고 급진적으로 성찰하며 정직해야 한다.

결국 이같은 급진적 자기 성찰은 죄에 대한 잃어버린 감수성을 되살리게 한다. 그것은 그저 형식적이고 교리적으로 하나님 앞에 '나는 죄인입니다' 라고 고백하는 것이 아니라, 나의 악한 생각들logismoi의 뿌리를 추적하는 성찰 가운데 숨겨진 나의 동기들두려움, 분노, 시기, 정욕, 탐욕 등의 실체를 그분 앞에 내려놓게 함으로 신앙의 연륜이 깊어질수록, 나의 죄에 대해 더 미세하게 살피며, 애통하며, 겸손히 고개를 숙이며 살아가는 그리스도인이 되게 한다.

성찰의 기도

포에멘은 "이미 일어났던 일에 대해 알지 못하는 것은 보다 좋은 것으로 나아가는 데 방해가 됩니다" 라고 설명하면서, 사람이 비록 외부에 존재하는 세력에 대해서는 온전히 알 수 없지만, 그것들이 수도자의 내면으로 들어온다면 반드시 대적하여 몰아내

야 한다고 권면한다.175

자유를 누리기 위해 우리는 탕자처럼 멀리 달아날 일이 아니다. 오히려 내면의 좁은 길로 나아가야 한다. 거기서 우리는 하나님과 우리 자신을 발견할 수 있다. 신앙의 여정 가운데 우리는 하나님은 과연 나에게 말씀하시는 분이신가를 물어야 한다. 익숙한 관습에 젖어 신앙생활을 하다보면, 하나님은 더이상 내게 말씀하시는 분이 아니라, 화석과 같이 굳어 있고, 오직 나만이 줄기차게 주문을 외우듯 기도하는 경우가 많다. 문제는 하나님께서 내게 말씀하시지 않는 것이 아니라, 내가 들으려 하지 않는 것이다. "너희는 가만히 있어 내가 하나님 됨을 알지어다."시46:10외부적 활동성이 아닌, 내적인 성찰을 통해 우리는 지금도 내게 말씀하시는 하나님을 만날 수 있다.

이같은 성찰적 기도는 수도원적인 전통 아래서 줄곧 강조되어 왔지만, 16세기에 들어 예수회의 창시자인 로욜라의 이냐시오 Ignatius of Loyola에 의해 성찰의 기도Prayer of Examen라는 이름으로 체계화 되었다. 성찰Examen이라는 것은 주어진 상황에 대한 주도면밀한 관찰과 평가를 의미한다. 따라서 성찰의 기도는 "정규적으로 하나님 앞에서 스스로의 삶을 주도면밀하게 관찰하고 평가하는 하나의 방식"이라고 정의할 수 있다.176

성찰의 기도를 위해서는 외부의 방해가 없는 조용한 시간과 장소가 필요하다. 모든 영적 생활이 이같은 "은밀함"이 필요하지만, 내면을 살피는 침묵의 기도의 시간의 경우는 더더욱 유혹과 방해가 많기 때문에 오직 고요함이라는 도구를 잊지 말고 챙겨야 한다. 이 기도의 시간에서 살펴야 하는 것은 내 안에 들어온 과거에 대한 모든 생각들이나 미래의 염려가 아니다. 성찰의 기도가 실제적으로 이루어지기 위해서는 명확한 경계boundary가 필요하다. 매일 성찰의 기도를 갖는다고 할 때, 전날부터 현재 시간까지의 24시간의 범위이면 충분하다. 그리고 이 24시간 내에서 감사Gratitude, 하나님의 임재에 대한 자각Awareness of God's presence, 고백Confession의 순서로 나의 경험, 생각들, 감정들, 말대화, 태도, 행동 등을 기억하면서 성찰의 시간을 가지면서 기도해 나가는 것이다. 성찰의 기도를 위한 보다 상세한 가이드는 부록 3를 참고하라 177

"당신의 생각을 하찮게 여기지 마십시오. 단 하나의 생각도 하나님의 시선을 피할 수 없습니다"고 경고한 금욕고행자 마크의 말처럼, 무심코 하는 나의 생각들. 그 생각들 속에 죄악의 뿌리가 있다는 위기감 속에 성찰의 기도의 자리에 반복적으로 나아가야 한다. 178 사막의 교부들은 그 생각의 죄를 누구보다 심각하게 다루었고, 그런 죄악된 생각과의 싸움에 그들의 생애를 투신했다. 그들은 시대와 함께 사막에 묻히고, 사라졌지만, 그들의 분투는 바람과 모래와 햇살을 통해 오늘 우리시대와 다시금 만나고 있다.

성찰의 기도는 사막의 교부들의 경우처럼 급진적 정직을 위한 기도의 훈련이다. 그것은 마치 다윗이 죄악 중에서 회복하기를 염원했던 정한 마음과 정직한 영을 위한 기도라 할 수 있다. "하나님이여 내 속에 정한 마음을 창조하시고 내 안에 정직한 영을 새롭게 하소서. 나를 주 앞에서 쫓아내지 마시며 주의 성신을 내게서 거두지 마소서. 주의 구원의 즐거움을 내게 회복시키시고 자원하는 심령을 주사 나를 붙드소서." 시51:10-12

진정한 예술가는 자신의 진정성을 위해 싸운다. 자신의 예술작품을 거짓되게 표현하는 것만큼, 자신을 깎아 내리며 스스로에게 모욕적이 되는 경우는 없다. 이에 이름 없는 수많은 가난한 예술가들은 비록 현 시대의 대중이 그들의 그림, 노래, 작품 등을 알아주지 않아도 결코 대중의 눈 높이에 타협하지 않는다. 우리 한사람 한사람은 하나님께서 만드신 유일한 작품이다. 엡2:10뿐만 아니라 우리 또한 하나님의 창조세계의 파트너로서 창의성을 가지고 그 유일한 삶을 살아가도록 부름 받았다. 성찰의 기도는 두려운 세상 속에서 내면의 유일한 참된 자아를 덮어두고, 사람들의 기대치와 세상의 기준에만 맞춰 발버둥치며 살아가려는 거짓 자아가 주도하는 삶을 내려놓게 만드는 훈련이다. 성찰의 기도는 단순히 그 과정이 중요한 것이 아니라 그 하나님이 거짓 자아의 가면 뒤에 있는 참된 내 모습을 사랑하시며, 내 이름을 그분의 손바닥에 새겨 놓으셨다는 것, 그래서 여인이 그 품에 안은 아기를 잊을지는 몰라도 하나님은 나를 잊지 않으신다. 사49:15-16는 깨달음이다. 성찰의 기도를 통해 우리는 다시 한번 유일하게 나를 만드신 분 앞에서,

정직한 영으로 스스로를 대면할 수 있게 된다. 비록 성찰의 기도에는 번영신학적인 나를 물질적으로 부요케 하는 주술은 없지만, 내가 하나님 안에서 나의 참된 자아를 되찾음은 기쁨은 탕자의 그것 못지 않다. 그렇게 집으로 돌아오는 아들을 향해 "아직도 거리가 먼데"도 달려오는 그 아버지의 기쁨은 말할 것도 없겠다. 눅15:20

성찰과 토론

1. 하나님을 잘 알기 위해서 왜 나 자신을 아는 일이 중요할까? 본문에 언급된 내용을 근거로 이에 대한 나의 생각들을 명확히 정리해 보자.

2. 아나타시우스의 성육신론이 우리에게 주는 유익은 무엇인가? 어떤 면에서 그의 신학은 새롭고 도전적이었는가? 사막의 금언집을 이해함에 있어 어떤 실제적인 도움을 줄 수 있는가?

3. 사막의 교부와 교모들은 내면의 악한 생각들logismoi을 중요하게 다루었다. 오늘날 우리는 그저 잡념이라 생각할 것이지만, 결국 이 악한 생각들이야 말로, 우리를 끊임없이 욕망에 사로잡히게 하고, 분심과 정념 속에 소모적이게 하고, 때론 실제의 행동이 되어 나 자신은 물론 나의 공동체에게까지 해를 입힌다. 현재 당신 안에 반복적으로 들어오는 악한 생각은 무엇

인가? 그 답을 찾는 일은 어렵지 않다. 조용한 시간에 침묵 속에 거해 보라. 당신을 동요케 하는 그 어떤 생각들이 있을 것이다. 가능하다면 서로 그런 생각들을 솔직히 나누어 보자. 교부들이 말하듯, 악한 생각은 모든 인간에게 수시로 들어오는 법이다. 다만 그것을 솔직히 인정하고 대면하고 분투하는지의 여부에 따라 우리의 길이 갈리는 것이다.

4. 당신의 교회의 소그룹에서는 솔직한 이야기들이 나누어지는가? 혹은 어느 순간부터 정형화된 이야기들이 오가고 있지는 않은가? 당신은 가면을 쓴 채로 소그룹 안에 있지 않은가? 공공연하게 소그룹 안에서 너무 솔직한 이야기, 자신의 죄악들을 함부로 고백하지 말라고들 한다. 소문과 수군거림gossip으로 인한 상처 때문일 것이다. 그러나 그것은 목욕물을 버리려다 아기를 버리는 행위와 같다. 투명함과 정직이 보장되는 않는 두려운 집단이라면 그것이 어떻게 공동체이며, 가족일 수 있을까? 나의 소그룹에서 사막의 수도사들이 행한 급진적 정직이 이루어지는 길에 대해 함께 이야기를 나누어 보자. 어떤 면에서 우리의 공동체에 수용 가능한 급진적 정직의 토양을 만들 수 있을지에 대해 발전적인 이야기를 나누어 보자.

5. "무엇을 가졌는가?" "사람들은 나에 대해 무엇이라 말하는가?"

의 질문에 끌려 다니며 살다 보면, 결국 나라는 사람은 가면을 쓴 채로 살아간다. 겉의 화려함 속에는 황폐한 나의 내면이 있다. 그런 점에서 참된 자아를 찾는 일은 사막의 영성에서부터 시작해 교회사의 여러 영적 훈련들의 중심된 주제 가운데 하나였다. 참된 자아를 찾기 위해 본 장에서 소개한 성찰의 기도를 매일 15-20분간 꾸준히 실천해 보라. 침묵 가운데 하나님 앞에서 나를 성찰하는 일은 쉽지 않을 것이다. 5분도 못 가서 다른 생각들이 길을 잃게 만들 것이다. 그러나 포기하지 말고, 나의 지난 24시간을 성찰하는 시간 속에 스스로를 맡겨 두기 바란다. 그 자리에 함께 하시는 하나님을 신뢰하며 성찰의 기도 속에 스스로를 벗겨내는 시간을 가져보기 바란다. 거기서 나의 죄악된 생각, 말, 감정, 태도, 행동들이 발견될 것이다. 뿐만 아니라 이미 나의 삶 속에 함께 하시는 하나님도 찾을 수 있을 것이다. 부디 이 훈련을 매일 하면서, 지체들와 정기적으로 각자의 성찰의 시간을 솔직히 나눌 수 있기를 바란다.

6장 * 부정의 영성

기도할 때 당신의 영혼이 마음의 표상으로부터 자유로운 상태를
유지하도록 언제나 주의하라. 그리하면 당신의 영혼은
그 스스로의 깊은 고요함 속에서 요동치 않고 머물러 있게 될 것이다.
마침내 무지한 자를 동정하는 분이 당신을 찾아올 것이다.
그리고 그 때 당신은 기도라는 가장 영광스러운 선물을
받을 수 있게 된다.*179*(에바그리우스)
수도사의 수실은 세 젊은이가 그 속에서 하나님의 아들을 발견한
바빌론의 풀무불이자 하나님께서 모세에게 말씀하셨던
구름 기둥입니다.*180*(무명의 교부)

언젠가부터 한국 개신교 내에서 헨리 나우엔, 토마스 머튼,
사막의 교부들과 교모들, 존 카시안, 중세의 수도원주의 등에 대
한 관심이 꾸준히 고조되고 있다. 가톨릭과 동방 정교회에 대해 배
타적 성향이 많은 보수적인 한국 개신교의 정서를 감안할 때 이같
은 현상은 주목 할만 하다. 예를 들어, 가톨릭 사제 헨리 나우엔이
쓴 책의 경우, 2013년 기준 42권이 번역 출판 되었는데, 그 가운데
30권이 개신교 출판사를 통해 번역 출판되었다. 또 나우엔에 대

한 전기적 평전의 경우, 같은 시기 15권의 번역 출판된 책들 가운데 13권이 개신교 출판사에서 나온 것이었다. 그리고 그 가운데는 여러 출판사를 통해 중복 출판된 책들도 일부 있다. 이같은 현실은 나우엔의 책에 대한 출판을 개신교 출판사들이 경쟁적으로 하는 가운데, 초기에 나우엔을 소개하며 출판하던 가톨릭 출판사들이 뒤로 빠진 모양새를 보여준다. 그만큼 개신교 내에 탄탄한 독자층이 형성되어 있다는 의미이다. 헨리 나우엔은 유진 피터슨과 리차드 포스터와 함께 한국 개신교계에 "기독교 영성"을 소개한 대표적인 인물로 자리 잡았고, 실제로 한국 개신교인들 가운데는 헨리 나우엔을 그들의 영적, 문헌적 멘토로 삼고 있는 경우를 종종 보게 된다.[181]

그 외에도 시토회 수도사였던 토마스 머튼의 책들과 『사막 교부들의 금언집』, 『안토니의 생애』, 『존 카시안의 담화집』, 『제도집』, 『파코미우스의 생애』, 『에바그리우스의 프락티코스』, 『그노스티코스』, 『니사의 그레고리의 모세의 생애』, 『무지의 구름』 등과 같은 동방정교회 전통에서 주요한 작품 등이 모두 개신교 출판사를 통해 번역 되었다. 평소 동방정교회는 물론이거나와 가톨릭과도 그다지 가깝지 않았던 한국 개신교의 상황을 고려할 때 이는 일반적인 현상이라고 볼 수가 없다. 왜 이같은 현상이 일어나고 있는 것일까? 먼저 생각할 수 있는 것은 나우엔의 경우와 마찬가지로 그만큼의 독자층이 있다는 것을 의미한다. 그리고 보다 실제적인 이유라면,

한국 개신교가 그 전통과 영적 훈련을 통해서 개신교인들의 영적 목마름을 충분히 해갈해 주지 못하고 있다는 현실을 드러내 준다고 볼 수 있다.

이에 그 영적 목마름은 독서를 통해서만이 아닌, 실제의 영적 훈련들을 통해서도 드러나고 있다. 1990년대 이후로 영성에 대한 관심이 깊어진 가운데, 한국 개신교 안에는 다양한 기독교 영성의 전통과 훈련들이 소개되기 시작했다. 최근 들어서는 렉티오 디비나Lectio Divina나 예수 기도Jesus Prayer, 앞 장에서 소개한 바 있는 성찰의 기도Prayer of Examen등과 같은 수도원적 전통에 뿌리를 둔 훈련들이 하나 둘 개신교 안에도 소개되고 있고, 목회에 활용되고 있는 것을 볼 수 있다.

나우엔과 머튼을 비롯한 동방정교회 전통의 주요 서적들과 수도원적인 영적 훈련들이 갖고 있는 공통점은 그 영적 뿌리를 사막의 수덕주의에 두고 있는 부정의 영성apophatic spirituality이라고 답할 수 있다.*182* 일반 독자들에게는 다소 낯선 주제인 부정의 영성의 설명하기 위해서는 먼저 에바그리우스의 아파테이아apatheia개념과 기도론을 살펴볼 필요가 있다.

아파테이아Apatheia

그 전 세대의 사막의 수덕적 삶을 누구보다 신학적으로 잘 체계화 했던 에바그리우스c.345-399에 의하면 사막의 영성은 수행적 삶praktike과 신비적 지식gnostike으로 구성된다.183 인간 내면의 악한 생각logismoi과 욕망은 하나님을 향한 온전한 기도를 가로막는다. 그것은 마치 발목에 사슬이 묶인 자가 뛰어 갈 수 없는 것처럼, 욕망에 사로잡힌 자는 영적 기도의 자리로 나아갈 수 없게 된다. Praktike는 이러한 악한 생각과 욕망을 통제하고 정화시키는 데 목적이 있다. 그러나 그것이 사막의 영성이 추구하는 전부가 아니다. 수도사들의 수덕적 삶은 구원의 조건으로서 공로와 공덕을 쌓는 것이 아닌, 하나님과의 더욱 깊은 만남과 연합을 이루기 위한 영적 분투라고 보아야 할 것이며, 결국 이에 대한 것이 에바그리우스가 표현한 gnostike라고 할 수 있다. Gnostike는 하나님을 아는 지식이다. 그것은 인간의 지혜와 정보적 기능에 의해 이루어지지 않는다. 영원하신 하나님은 그 명철이 한이 없으시기에 인간의 지식으로는 결코 다 헤아릴 수 없고사40.28그 하시는 일의 시종을 인간은 결코 측량할 수 없는 분이시다.전3.11이에 바울은 "깊도다 하나님의 지혜와 지식의 풍성함이여, 그의 판단은 헤아리지 못할 것이며 그의 길은 찾지 못할 것이로다"롬11:33라고 고백한다.

에바그리우스는 이처럼 신비로우신 하나님을 온전히 알기 위해서는 인간의 지식이 아닌, 내면에 이같은 인간 지식을 통해 왜곡되어 자리잡는 표상들, 욕망, 악한 생각들을 몰아내는 일이 전제 되어야 한다고 보았다.184 한마디로 인간의 욕망을 정화시킴으로 내적 평정심을 이루는 것이 그 헤아릴 수 없는 하나님과 교제하며, 그 분을 알아가는 길이 된다는 것이다. 이와 같은 내적 평정심을 가리키는 용어가 아파테이아apatheia이다. 에바그리우스는 아파테이아를 가리켜 "수덕적 삶의 꽃"이라고 표현하였다.[185]

아파테이아는 마치 불교에서처럼 무념 무상의 단계로 나아갈 것을 요구하지 않는다. 아파테이아는 일체의 정념이 없는 상태passion-lessness가 아니다. 사막의 영성은 인간 안에 있는 욕망passion을 부정적으로만 보지 않는다. 문제는 다스려지지 않는 욕망, 통제되지 않는 욕망에 있다. 따라서 아파테이아는 욕망의 부재가 아닌 인간의 욕망이 "하나님의 나라와 그 의"에 따르도록 외부적 자극과 내적 욕망에 쉽게 휘둘리지 않는 상태dispassion를 유지하는 것을 지향한다.[186] 결국 이러한 단계를 거쳐 인간이 가진 고유의 이성과 의지와 욕구는 하나님 나라를 향한 더 숭고한 사랑으로 승화되는 것이다. 에바그리우스의 말처럼 아가페agape로서의 사랑은 아파테이아의 "자식"이라 할 수 있는 것이다.[187]

에바그리우스의 아파테이아는 존 카시안이 이야기 하는 신앙의 목표로서의 "마음의 청결"과 연결되는 개념이다. 예수께서 마음이 청결한 자는 하나님을 볼 것이라고 말씀하셨던 것처럼마 5:8, 사막의 교부 모세와의 담화 내용을 정리한 카시안은 신앙의 목표scopos와 목적telos을 구분하면서, 그리스도인의 신앙의 궁극적 목적은 하나님 나라이지만, 그것을 이루기 위한 목표는 마음의 청결임을 강조한다.*188* 하나님 나라라는 목적을 이루기 위한 바른 방향설정과 표준이 되는 마음의 청결에 매진해야함을 주장하는 것이다. 이 목표를 수행하는 것과 관련하여 빌립보서 3장 13-14절을 인용하면서, 바울이 "푯대를 향하여… 달려가노라*kata skopon dioko*"라고 표현한 헬라어의 본래적 의미가 "나는 목표를 향해 단호하게 밀고 나간다"임을 상기시키면서, 마음의 청결을 위해 분심과 정념을 통제할 것을 권면한다.*189*

> "그러므로 우리는 항상 이 목표를 앞에 두고 가장 직접적으로 그것을 획득하기 위해 행동과 생각을 규제해야 합니다. 만일 항상 그것에 시선을 고정하지 않으면 우리의 수고가 무익하고 불안정하고 헛된 것이 될 것이며 온갖 종류의 혼란스러운 생각들이 일어날 것입니다"*190*

이처럼 내적 평정심을 강조한 에바그리우스와 마찬가지로 카시안은 다양한 분심 때문에 깨끗한 마음과 사랑이라는 주된 목표를 소홀히 하지 말아야 한다고 강조하고 있다. 특히 마음의 청결을 손상시키는 분심과 정념은 거대한 세력으로 우리의 삶을 유혹하며 흔드는 것이 아니라 모래알처럼 평상시에 잘 보이지 않는 것들임을 주지시킨다.

옛날 비밀 보물 창고를 털러 들어온 도둑은 어둠 속에 모래를 뿌려 그것들이 떨어질 때 울려 퍼지는 작은 소리 덕분에 어디 있는지 파악할 수 없도록 감추어진 보물들을 발견한다고 한다. 마찬가지로 더러운 영들은 우리 마음의 보물창고를 탐험하려면 우리의 내면에 모래알과 같은 해로운 암시들을 뿌린다고 한다. 그리고 그 소리에 따라 출현하는 우리의 육적인 성향에 따라 내면 깊은 곳에 감추어진 것이 무엇인지 알아낸다고 한다.[191]

분심과 정념에 빠진 영혼은 그 자신이 사욕에 갇혀 크신 하나님을 경험하기 어렵다. 당장 내 마음을 자극하며 혼탁하게 하는 대상이 그 무엇보다 크게 보이기 때문이다. 카시안은 이와 같이 마음의 청결과 평정심을 상실하게 되는 것이 일회적 실수에 의해서가 아니라고 설명한다. "작은 실수가 갑작스런 멸망의 원인이라고 생각하지 마십시오. 초기에 악한 가르침 때문에 길을 벗어났거나 오랫동안 지속된 영적 무관심 때문에 정신의 덕이 점차 감소했기 때문에 악이 서서히 증가하면서 비참한 상태에 빠지는 것입니다."[192]

그러나 이와는 반대로 오늘날 개신교는 일상 속에서 성도들의 다스려지지 않고, 통제되지 않은 분심, 정념, 감성에 호소하여 그들의 신앙과 사역을 이끌어 나가는 경향이 많다. 정말 그 열망들이 온전히 하나님 나라를 향해 확장되면 바람직하겠지만, 많은 경우 인간의 열망은 사욕에 의해 왜곡되어약1:14도리어 그의 삶에서 하나님 나라의 영역을 축소시키거나 아예 사라지게 만든다.193 따라서 인간의 열망passion이 하나님의 마음을 품은 긍휼compassion로 온전히 자라나기 위해서는 아파테이아의 단계를 거쳐야만 한다. 사막의 교부들과 교모들이 그 삶을 통해 내내 분투했던 것도 바로 이 아파테이아를 이루기 위함이었다.

순전한 기도의 자리

에바그리우스의 *The Chapters on Prayer*De Oratione는 오늘날 우리가 아는 여느 기도에 관련된 책들과 그 방향이 다른 책이다. 이 책은 효과적인 기도를 위한 기교나 기술을 가르쳐 주는 책이 아니라, 기도를 위한 마음의 준비, 영적 준비에 대한 책이라 할 수 있다. 즉 하나님과 온전한 연합과 교제를 위한 기도됨을 위해 최적의 영적 상태를 이루는 것의 중요함을 다룬 책이다. 이에 그는 다음과 같이 묻는다. "기도는 우리 영혼과 하나님 사이의 친교이다. 우리의 영혼이 후퇴함 없이 주님께 나아가고 어떤 중재도 필요없이 그분과 교류하고자 한다면, 우리 영혼은 어떤 상태를 요구하는가?"194

에바그리우스는 신학자는 기도하는 자이고, 진정한 기도자는 신학자라고 설명한다.195 기도는 인격적인 하나님을 아는데 있어서 가장 핵심적인 활동이기 때문이다. 기도는 무엇을 얻기 위한 도구가 아닌, 하나님과의 연합과 교제, 그 분을 알아감에 그 목적이 있다. 따라서 신앙인은 기도의 자리의 순전함을 위해 분투해야 한다. 기도의 자리가 염려와 욕망으로 가득차 있다면 위험하다. 나의 염려와 필요를 해결하는 도구로서의 기도가 아니라, 하나님의 뜻을 알고, 그분과 함께 하는 것에 순전한 의미를 둔 기도라면, 나의 염려와 욕망은 기도하기 전에 내려 놓아야 한다. 이것은 마치 모세가 불타고 있는 떨기나무에 가까이 가려고 했을 때, 그 자신의 발에서 신을 벗도록 제지 당한 모습과도 같다. 출3:2-5 "그대가 모든 표상과 지각 너머에 계시는 그분을 보고 그분과 교류하기를 원한다면, 어찌 그대는 격정들에 사로잡힌 마음의 모든 표상에서 스스로를 해방시키지 않을 수가 있겠는가?"[196]

　　에바그리우스는 스스로의 기도하는 모습을 성찰하며 다음과 같이 묘사하고 있다.

　　내가 기도 할 때에 많은 경우, 내게 좋아 보이는 것을 계속
　　요청한다. 내 자신의 요구를 끝없이 주장하고, 터무니없게
　　도 하나님의 뜻에 압력을 가하기도 한다. 나는 그 분 보시
　　기에 내게 유익한 것이 마련되도록 하려는 그분의 뜻을 허
　　용하지 않는다. 마침내 내가 요구하는 것을 얻게 되지만 나
　　중에는 결국 내 자신이 매우 괴롭게 되고 만다. 왜냐하면

나는 그분의 뜻이 이루어지도록 기도하지 않았고, 또한 내가 얻은 것이 내가 생각했던 것처럼 유익한 것이 아니기 때문이다.[197]

에바그리우스의 솔직한 고백은 하나님의 뜻이 아닌 나의 뜻이 관철된 기도자의 모습을 잘 묘사하고 있다. 나를 위해 최선의 길을 알고 계신 하나님의 섭리를 신뢰하지 못하고 오히려 나의 요구를 일방적으로 몰아붙이는 식의 기도는 결국 스스로를 곤혹스러운 상태에 빠뜨린다. 에바그리우스는 그것이 본인이 생각했던 것처럼 유익한 것이 아니었기 때문이라고 말하지만, 사실 그보다 그 폐해는 크다고 하겠다. 일차적으로 내 뜻이 관철된 기도에 대해 나는 더이상 기도자가 아니어도 나의 행위에 정당성을 부여하는 습관에 노출될 위험이 크고, 기도라는 경건한 도구를 통했음에도 결과가 좋지 않다는 이유만으로 나의 기도의 방식에 문제를 삼기보다 더 기도를 기피하는 방식의 삶을 살아갈 개연성이 크다고 하겠다. 변함없는 내 자신의 욕망, 사욕, 활동성 등에 갇혀 살아가는 한 그러한 삶을 견제하지 못하고 오히려 종속되기 쉬운 경건의 훈련은 점점 하나님의 자리가 부재한 세속화된 종교적 형식으로 전락하고 만다.

뿐만 아니라, 하나님의 뜻이 아닌 나의 욕망을 관철시키려는 기도는 종종 그 기도에 대한 응답 여부와 상관없이 그 신앙인이 갖고 있는 신념을 더 확고하게 만들고 만다. '나는 이것내가 옳다고 여기는것을 위해 하나님께 기도하였다' 는 사실만으로 이후 나의 행보는 내가 옳다고 여긴 그 일을 도모함에 있어 정당성을 부여 받고, 가속도가 붙게 된다.

인간의 기도가 우리의 내면의 욕망에 쉽게 종속되기 쉽다는 사실을 간파한 에바그리우스는 "기도하기 원하는가? 그렇다면 가진 모든 것을 내려 놓으라"라고 권면한다.198 이는 지극히 반反번영신학적 기도라 하겠다. 모든 것에 대한 욕망과 망상을 버리라는 요청이다. 모든 열망을 품고 하나님께 긍정적으로 구하라는 조엘 오스틴 식의 기도는 에바그리우스에 따르면 오히려 우리의 기도를 방해하고, 중단시키며, 왜곡시킨다. 에바그리우스는 사적인 욕망과 분심으로 기도하는 것보다 차라리 사방에 구멍 난 바가지로 우물물을 긷는 편이 더 낫다고 말하면서, 통제되지 않은 우리의 마음으로 하나님 앞에 나아가는 것의 무익함에 대해 줄곧 경고하고 있다.199

부정의 영성 Apophatic Spirituality

경이는 모든 신학의 시작과 끝이다. "우리는 단지 하나님의 본질에 대해 생각함으로 하나님을 알 수는 없다."200 크신 하나님, 나와는 격과 질이 다른 그 분을 안다는 것은 불가능한 일이다. 그런 점에서 이 시대 최고의 신학자의 신론이라 할지라도 겸손한 자기 낮춤에 근거해야 한다. 오히려 그런 광대하고 전능한 하나님 앞에서 내가 얼마나 작은 존재인가를 욥과 같이 아는 행위야 말로, 위대한 신학의 결정체라고 할 수 있다. 인간 너머에 계시고, 다 헤아릴 수 없는 하나님은 과학과 같이 실증적으로 접근할 수 없다. 부정의 영성은 이같은 헤아릴 수 없는 하나님에 대해 어떤 식으로 정의하고 규정하는 일을 제한한다. 부정의 영성에서 표현되는 부정apophatic이라는 말의 원어적 의미는 어떤 형상phasis, image너머apo, beyond에 있다는 의미를 갖는다.201 즉 하나님은 인간의 헤아림 너머에 계시기에 인간의 언어, 이미지, 이념으로 규정하여 설명될 수 없는 분이시다.

이같은 부정성으로서의 신학적 훈련은 "적을수록 더 풍성하다"는 가치를 알려준다. 다시 말해 인간 자신의 이성과 열망에 따라 하나님을 파악하며 규명할 수 있다는 태도보다는 헤아릴 수 없는 하나님, 그 '무지의 구름'과 흑암 속에서 겸손과 자기비움의 영성으로 살아가도록 가르쳐 준다는 것이다. 앞에서도 언급한 것처럼 성경의 하나님은 헤아리기 힘든 하나님이시다. 하나님은 오직 인간의 비움과 내려놓음을 통해 경험할 수 있다. 그래서 곧잘 하나님께서는 그런 낮은 자리에 선 자들을 통해 역사하신다. 반대로 하나님의 그 은혜 가운데도 결코 함께 하기 어려운 사람은 움켜쥐려고 하는 사람들, 자기를 내려놓지 못하는 사람들이다. 그들은 그들을 지으신 그 크신 하나님 앞에서조차 스스로 하나님을 다 알다는 식으로 행동한다.

부정의 영성은 인간의 유한함에서 기인하기도 하지만, 동시에 하나님의 성품과도 연관된다. 하나님은 종종 사람들이 황폐하고 불모지라고 여기는 사막과 같은 장소나 조건 속에서 당신을 드러내신다. 예를 들어, 구약 시대 예루살렘 성전의 속죄소와 예수님의 무덤 간의 공통점은 둘 모두 빈 공간이라는데 있다. 구약과 신약성서에서 상징적인 두 장소가 가진 이 여백의 공통점이 의미하는 바는 하나님은 여백과 비움의 자리에서 당신을 드러내시며, 일하시며, 우리와 만나신다는 것이다. 그런 점에서 사막의 수도사들이 사막을 택한 것이나, 그 곳에서 많은 것들을 내려놓고 수덕적 삶을 살았던 것, 무엇보다 헤시키아hesychia의 깊은 침묵을 이루며 생활했던 것은 모두 그들의 자발적인 선택이라기보다는, 그들이 이해한 하나님의 성품과 하나님의 자리가 그와 같았기 때문이었다고 보는 것이 타당할 것이다.

동시대의 사막의 수덕적 삶에 영향을 받은 닛사의 그레고리ca.335-ca.395는 『모세의 일생』을 통해 최초로 부정의 신학을 발전시켰는데, 하나님을 알아가는 세 단계를 빛으로부터 어둠으로의 영적 여정으로 소개하고 있다.[202] 모세의 첫 하나님과의 만남은 떨기나무의 불출3가운데서 였다. 그러나 지식의 빛은 불안전하기 때문에 그는 시내산의 "흑암"과 "구름"을 통해 보다 온전한 자리로 나아가게 된다.출19-20, 33.23그레고리는 모세가 시내산의 흑암과 구름 속에서 알 수 없는 하나님을 경험한 것처럼, 하나님의 신비를 인간의 지성으로는 다 헤아릴 수 없음을 밝힌다.

지각이 이해하는 것과 눈에 보인다고 생각하는 모든 관찰 되어지는 것을 버려야만 한다. 대신 비가시적이고 이해될 수 없는 것에 이를 때까지 깊은 관상을 지속해야 한다. 그 러면 바로 거기서 하나님을 볼 수 있을 것이다. 이것은 추 구하며 찾던 참된 지식이라 할 수 있다. 이것은 비가시적 인 것으로 이루어진 시각이다. 왜냐하면 그토록 찾던 분은 인간의 모든 지식을 초월하고, 암흑과 같이 이해할 수 없 는 것에 의해 전면적으로 분리되어 홀로 계시기 때문입니 다.[203]

부정의 영성에서는 인간이 만드는 하나님의 이미지는 하나 님의 실재가 아니라는 사실을 상기 시킨다. 인간은 그 지성으로 하 나님을 모두 헤아릴 수 있다는 주장에 대해 히포의 어거스틴은 다 음과 같이 유명한 말로 반박하였다.

당신이 그분을 이해한다고 할 때, 그분은 하나님이 아닐 것 입니다. *si comprehendis non est Deus*만약 당신이 이해할 수 있었 다면, 그것은 하나님이 아닌 다른 무엇이었을 것입니다.

혹 부분적으로 당신이 이해한 것이라해도, 이미 당신은 당신 자신의 생각에 의해 스스로 속고 있는 셈입니다.[204]

그레고리나 어거스틴의 신학적 성찰을 일찍이 그 삶으로 드러낸 이들이 바로 사막의 교부들이며 교모들이라 할 수 있다. 그들은 하나님은 인간의 지성으로는 다 알 수 없고 다가갈 수 없는 분이시기 때문에 하나님은 오직 통제하려는 모든 노력과 욕망을 포기한 영적으로 가난하고 비워진 영혼만이 만날 수 있다는 사실을 일찍감치 깨달았다. 인간 내면에 있는 모든 표상들과 열망들을 포기해야만 인간은 하나님으로 가득 채워질 수 있다. 사막의 침묵과 단순성은 자아를 죽게 만든다. "기도할 때에는 당신의 지성에 대해 벙어리가 되어라. 그러면 당신은 기도할 수 있을 것이다"[205] 사막의 수도사들은 우리가 관계를 맺는 하나님이 드러내신 바 된 하나님Deus revelatus이기도 하지만, 동시에 감추어진 하나님Deus absconditus되심을 인지했다.[206] 그렇게 감추어진 하나님은 인간으로 많은 말과 활동성 대신, 물러서며, 침묵하며, 머물러 기다리게 한다. 그리고 거기서 그들은 하나님의 부재가 아닌 오히려 인간의 언어로 표현할 수 없는 하나님의 충만함을 맛보는 것이다.

"왕래가 잦는 길은 설령 씨를 뿌리더라도 행인들이 그곳을 밟고 지나다니므로 어떤 풀도 나지 않는 바와 같이, 우리도 그러하다. 모든 일에서 물러서라. 그러면 그대는, 그동안 그대가 밟고 지나다니기 때문에 보지 못했던, 그대 속에 있지만 알고 있지 못하는 것들이 싹트는 것을 볼 것이다."[207]

사막의 교부들의 삶으로 체현된 부정의 영성은 닛사의 그레고리Gregory of Nyssa, 6세기 시리아 수도사였던 위디오니시우스Pseudo-Dionysius등을 거쳐, 14세기 무명의 수도사가 젊은 수사들에게 쓴 기도지침서인『무지의 구름』The Cloud of Unknowing, 독일 도미니크회 수도사 마이스터 에크하르트Meister Eckhart, 영국의 여성 은수사 노르위치의 줄리안Julian of Norwich, 16세기 스페인 가르멜 수도회의 아빌라의 테레사Teresa of Avila와 십자가의 요한John of the Cross, 현대의 시토회 수도사 토마스 머튼Thomas Merton, 토마스 키팅Thomas Keating등에 이르기까지 지속적인 영향을 끼쳤다. 영적 훈련의 차원에서 본다면, 한국 개신교에도 잘 알려진 렉티오 디비나, 예수 기도, 향심 기도 등도 모두 부정의 영성에 기초하여 감추어진 하나님 앞에 우리의 지각을 내려놓고 깊은 침묵 가운데 나아갈 것을 강조하는 훈련이라 할 수 있다.

"나무가 되어 침묵이 너의 목수가 되게 하라"

인간이 제한적이며 유한하다는 사실에 기초한 부정의 영성은 스스로를 신과 같이 되려는 유혹으로부터 우리를 지켜준다. 부정의 영성은 권위주의적인 오만함이나 하나님의 자리에서 심판자 노릇을 하려는 유혹을 피하도록 도와준다. 대신 부정의 영성은 인간을 겸손하고 낮은 자리로 초대하여, 주님께서 먼저 그 부정성의 본을 보이신 자기 비움kenosis, 빌2:5-11을 통해 하나님과 타인에게 귀기울이는 자리에 서게 만든다. 부정의 영성은 나의 욕망을 투사하는 기도를 포기하게 하며, 아파테이아의 평정심 가운데 오직 그분이 일하시며, 말씀하시며, 거하시도록 자신을 비우게 한다. 부정의 영성은 자기 비움과 침묵을 수용하는 삶을 발전시킨다. 노르위치의 줄리안이 묘사하듯이 부정의 영성을 통해 우리는 "스스로를 헤이즐럿보다도 크지 않은 작은 존재로 인식하게 된다. 그리고 그것은 너무도 작아서 아무 것도 아닌 것으로 버림 받을 수 있다. 단지 하나님께 사랑 받음으로 그 존재가 유지되는 그런 미미함일 뿐…"[208]

대부분의 한국 개신교인들은 긍정의 영성kataphatic spirituality에 익숙하다. 문제는 이같은 긍정의 영성 자체가 해롭다는 것이 아니라 현대의 소비주의적이며 성과 중심의 사회에서 긍정의 영성이 갖는 위험성에 있다. 긍정성의 과잉은 우리의 신앙에 생기 없는 말들이 넘쳐나게 하고 있고, 이는 통제불가능한 자기착취적인 활동성으로 몰아 넣는다. 그런 점에서 끊임없는 성과 주체로서의 활동성과 경쟁의 패러다임에 갇혀 있는 한국 개신교는 이같은 인간의 이성과 활동성 너머에 계신 하나님의 신비에 주목하는 법을 배워야 한다. 3장에서도 언급한 바와 같이 통성기도가 오랜 시간 거의 유일한 기도 형태로 자리 잡은 한국 개신교의 경우, 본의 아니게 나의 욕망을 극대화 시키는 기도와 신앙 생활에 고착화될 위험이 더 크다고 볼 수 있다. 양적 성장을 위한 열망과 열심 속에 지역 교회의 예배와 크고 작은 모임들 속에서 우리는 나의 교회와 나보다 크신 하나님의 뜻을 구하기 보다는, 무엇 무엇을 달라고 호소하는 자기 확신에 찬 기도 방식에 더 길들여져 있다. 그 이면에는 모든 것은 내가 원하는 방식대로 통제되어야 하며, 채워져야 하며, 설명되어야 한다는 강박감이 자리한다. 서두에 논한 한국 개신교 내에서 나우엔이나 머튼을 비롯하여 동방정교회적 전통의 주요 책들에 대한 관심이 고조되고 있는 것은 바로 이런 맥락에서이다.

부정의 영성에 대한 이같은 관심은 지역 교회에서조차 내적 고요함을 이룰 수 없는, 말과 활동성의 과잉에 지친 그리스도인들이 늘고 있다는 것을 의미한다. 그런 점에서 무명의 수도사가 쓴 『무지의 구름』에서의 권면처럼 "단순히 나무가 되어 침묵이 너의 목수가 되게 하라" 는 메시지가 숙성될 수 있는 터전이 우리 모두에게 시급하다.[209]

이를 위해서는 무엇보다 먼저 헤아릴 수 없는 하나님에 대한 깨달음 속에서 세상의 중심이 더이상 나와 나의 교회가 아니라는 사실을 인정하는 일이 중요하다. 그 가운데 지금까지의 맹목적적인 모든 활동성들을 내려 놓을 수 있어야 한다. 그리고 더이상 하나님이 나의 삶의 일부가 아니며, 내가 하나님 나라의 일부라는 인식의 전환이 이루어져야 한다. 그 때, 우리는 비로소 순순히 "나무"가 되는 기도의 자리에 들어갈 준비가 되기 시작한다. 그 시작은 분명 들어갈 때에는 마치 황량하고 버려진 사막으로 홀로 들어가는 것과 같을 것이다. 그러나 그 곳에서야말로 우리는 그 상한 영혼을 사랑으로 기다리고 계신 하나님을 만날 수 있다.

성찰과 토론

1. 한국 개신교 내에 가톨릭이나 동방정교회의 전통에 익숙한 책들과 훈련들이 많이 소개되고 있는 것은 어떤 이유 때문일까? 본 장에서 논의된 내용을 바탕으로 서로의 생각들을 나누어 보자. 개인적으로 서로 영향을 받은 저자의 책이나 훈련에 대해서도 나누어 보자. 어떤 면에서 그러한 책과 훈련이 나에게 유익했는가?

2. 에바그리우스의 아파테이아apatheia는 내적 욕망에 쉽게 휘둘리는 인간을 통제하기 위해 필요하다. 이에 반해 개신교는 욕망에 대해 상당히 관대하다. 오히려 많은 경우, 성도의 욕망을 극대화 시켜 지역 교회와 하나님 나라를 위해 헌신하도록 부추긴다. 문제는 인간의 욕망은 순수하지 않다는데 있다. 처음의 열심은 온데간데 없고, 사욕에 빠지는 경우가 많다. 실례로 교

회 내에서 갈등을 일으키는 분들은 대부분 열심이 있는 분들인 경우가 많다. 다스려지지 않은 욕망이 스스로에게 상처가 되고 곪아 터져서 지체들에게로 그 분노가 터져 나오는 것이다. 그런 점에서 더이상 열정에 호소하는 것이 아닌, 내적 평정심 속에서 분별하는 지혜가 필요하다. 현재 나의 삶과 나의 지역 교회의 상황 속에서 열정이 아닌 내적 평정심 속에서의 분별이 필요한 영역이 어디인지 같이 이야기 해보자.

3. 에바그리우스의 기도론은 독특하다. 효과적인 기도법이 아닌, 온전한 하나님과의 교제와 연합을 이루기 위한 내적 평정심을 구비하라는 내용의 책이라 할 수 있다. 당신은 무엇을 이루기 위한 기도가 아닌, 기도를 위해 나머지 삶을 조정하고 맞추는 그런 삶을 살아가고 있는가? 기도를 잊지 않고 드리는 것에 목적을 두기보다는 기도의 시간이 더 순전하기 위해, 나의 사욕과 분심과 정념이 그 시간을 방해하지 않도록 기도 이전의 시간들을 의식적으로 통제하고 가꾸는 내가 되어보자. 이를 위한 계획을 세우고, 지체들과 나누어 보자.

4. 경이는 모든 신학의 시작과 끝이다. 그러나 종종 나는 나보다 크신 하나님을 익숙한 신앙의 눈으로 미리 예단하고, 규정하며 살아간다. 하나님의 신비보다는 뻔한 하나님으로 만나는

것이다. 부정의 영성은 헤아릴 수 없는 하나님께 나아가는 영성이다. 따라서 나의 활동성과 나의 고백보다, 하나님의 일하심과 그분의 말씀하심에 더 관심을 둔다. 당신의 기도가 이제 침묵 가운데 나의 안건agenda를 올려드리는 시간이 아닌, 하나님의 성품을 발견하고 그분의 뜻을 아는 시간이 되도록 하라. 이같은 침묵으로 나아가는 기도 가운데 경험한 바들을 지체들과 이야기 나누어 보자.

5. 당신이 리더라면, 혹시 성도들에게 너무 하나님은 A,B,C 라는 식으로 정답을 주려는 성향이 있지 않은가 스스로를 성찰해 보기 바란다. 우리의 모든 설교와 가르침에서, 성도들의 궁금한 신앙의 질문에 대한 답에서, 하나님은 명쾌하게 첫째-둘째-셋째로 설명될 수 있을지 모르지만, 당신의 하나님은 여전히 당신이 다 헤아릴 수 없는 분이시다. 때때로 그 헤아릴 수 없는 분을 인정하며, 유한한 피조물로서 리더인 당신도 그 답을 알지 못한다고 말하는 편이 하나님 보시기에는 훨씬 더 겸손한 종의 모습이 될 것이다. 나의 리더십 가운데 엿보였던 하나님을 규격화하려 했던 모습들을 하나님과 지체들 앞에 솔직히 고백하고, 부정의 영성을 더 알아가도록 기도하자.

7장＊환대

…나는 종일 일하고 기도하면서 13전 가량의 돈을 벌어서,
2전은 문밖에 놓아두고 나머지는 음식값으로 지불합니다.
문밖에 둔 2전을 가져가는 사람은 내가 식사하거나 잠자는 동안에
나를 대신하여 기도해 줍니다. 그러므로 나는 하나님의 은혜로
말미암아 쉬지 말고 기도하라는 교훈을 성취합니다. (루키우스) *210*

압바(교부)요한은 "집을 지을 때 지붕부터 짓고 아래로
내려오지 않습니다. 당신은 기초부터 시작해서 지붕까지 올려야
합니다."라고 물었다. 압바 요한이 대답하기를 "기초가 우리가 얻어야
할 이웃이며, 그들이 출발점입니다. 그리스도의 모든 계명이
이것에 기초를 두고 있습니다"라고 말했다. (난쟁이 요한) *211*

헬라어로 기도하는 자들이라는 뜻을 가진 유키테스파 수도
사들은 쉬지 않고 기도해야만 정념을 물리칠 수 있다는 신념 가운
데, 일체의 노동도 하지 않고 기도에만 전념하는 극단적 삶을 살았
다.*212* 하루는 이들 일행이 사막의 교부인 루키우스를 찾았다. 루
키우스는 손노동도 하지 않으며 기도에만 전념한다는 그들에게,

평소 식사를 하지 않는지, 잠을 자지 않는지에 대해 확인한다. 그들 역시 때가 되면 음식을 먹고, 잠을 잔다는 것을 확인한 루키우스는 그러면 음식을 먹을 때나 잠 잘 때 누가 그들을 대신해 기도하는지를 묻는다. 아무 대답을 하지 못하는 그들에게 루키우스는 진정한 쉬지 않는 기도는 타인을 위한 손노동을 하는 가운데 이룰 수 있는 것임을 일깨운다. 그 자신이 기도 가운데 손노동을 하며 만든 바구니로 번 돈의 일부를 문 밖에 놓아 둠으로 그 돈을 가져간 사람이 그가 식사를 하거나 잠을 자는 동안 그를 대신해 기도해 준다는 것이다. 사막 교부들의 금언집에 짧게 소개되는 루키우스의 일화는 타인과 함께 살아가는 삶, 그 환대의 삶이 없이는 온전한 기도와 영성형성이란 완성될 수 없음을 일깨워 주고 있다.

앞 장에서 살펴본 것처럼 아파테이아apatheia로서의 깊은 기도의 경지를 가르쳤던 에바그리우스에게 있어서도, 그 내적 평정심은 아가페라는 열매를 맺기 위함이었다. "수덕생활의 목적은 타인에 대한 너그러움charity이다."[213] 사막의 영성을 비롯한 수덕적 삶을 연구할 때 종종 간과되는 것은 수덕적 삶이 사랑을 배우기 과정이라는 사실이다. 수덕적 삶을 통해 수도사는 타인을 자유롭게 사랑할 수 있게 된다. 더 이상의 강박과 집착, 숨겨진 동기 없이 상대를 있는 그대로 사랑하게 된다는 의미다.[214]

영성은 궁극적으로 타자를 위한 것이다. 타자The Other로서의 하나님과 타자the other로서의 형제와 자매, 특히 고통받고 도움을 필요로 하는 약자들을 위한 것이어야 한다. 이같은 영성은 예수께서 강조한 하나님 사랑과 이웃 사랑의 대계명마22:34-40; 막12:28-34; 눅10:25-28을 지향하는 삶에 대한 것이다. 영성 신학자 로버트 멀홀랜드가 정확히 정의한 바와 같이 영성형성은 본래적으로 "다른 사람을 위하여 그리스도의 형상을 닮아가는 과정"이다.215

해방신학자 구스타보 구티에레즈Gustavo Gutierrez는 "이곳에는 더이상 길이 없습니다. 왜냐하면 의로운 사람에게는 더이상 법이 없이 때문입니다"라고 묘사한 십자가의 요한의 말을 인용하며 기독교 영성의 특징을 두려움 없이 "하나님의 자녀로서 그 자유를 실천하는 터"를 제공하는 것이라고 설명한다.216 이처럼 영성의 특징이 자유함이라고 할 때, 그 가장 큰 적은 공포, 두려움, 의기소침, 소심함, 안주 등이 된다. 예수 그리스도를 통해 약속된 그 풍성한 삶요10:10을 향한 권리와 책임 대신, 현재의 것을 잃지 않을까 염려하며 움츠려드는 모습이야말로, 달란트 비유에서 염려와 불안 가운데 그 맡긴 달란트를 깊은 땅 속에 묻어둔 채 아무 것도 하지 않은 채 지냈던 그 "악하고 게으른" 종의 모습일 것이다.마25:24-26 자유함으로서의 영성은 방종한 삶이 아닌, 다른 사람을 섬기는 가운데 드러난다. "형제들아 너희가 주를 위하여 부르심을 입었으나 그러나 그 자유로 육체의 기회를 삼지 말고 오직 사랑으로 서로 종 노릇하라"갈5.13는 바울의 메시지는 그리스도의 제자의 영적 자유함의 지향점이 자기애에 고착되지 않고, 타인에 대한 사랑과 섬김으로 확장되어야 함을 재확인 시켜준다.

　그러나 이와는 달리, 오늘날 소비주의 시대의 영성에 대한 관심은 타자를 향한 개방성이 아닌, 사사화된 신앙의 폐쇄성을 고무하며, 엘리트적이며, 개인주의적 영성으로 '소비' 되는 경향이 많다. 마치 홀로 잠시 운동기구에 올라 땀 흘리며 운동하는 것과 영성 훈련은 동일하게 느껴질 지경이다. 타인의 자리가 부재한 "도피 영성"은 기껏해야 자기개발self-help이상이 되지 못한다는 사실을 우린 아직 깨닫지 못하고 있다.

사막의 영성과 이웃의 자리

　스케테의 수도사들은 이런 식으로 일했다. 그들은 갈등을 겪고 있는 사람에게는 열심을 불어넣어 주며, 사람들에게 본을 보여 선한 일을 하게 하려고 자기 자신에게는 가혹하게 행했다.[217]

　사막의 영성에 대한 가장 큰 오해 가운데 하나는, 이웃에 대한 책임의 부재라는데 있다. 앞의 장들을 통해 살펴본 것처럼 사막 교부들의 금언집에는 곳곳에서 사람들로부터 물러날 것을 강조하는 내용들이 언급되고 있다. 물러섬은 사막의 영성을 이루기 위한 첫 단추와도 같다. 그러나 그것은 사막의 수도사들이 이웃을 외면했다는 것을 의미하지 않는다.

　이집트 사막의 교부들의 삶을 관찰한 무명의 수도사의 기록을 정리한 사막 교부들의 삶에서는 사막의 수도사들이 도시와 긴

밀히 연결되어 있는 장관이 잘 묘사되고 있다.

> 나는 사막이나 시골에서 여러 연령층의 수도사들로 구성
> 된 수도사들의 큰 공동체를 보았다. 그들은 너무 많아 수를
> 셀 수 없었다. 세상의 어느 황제도 그만한 군대를 거느릴
> 수 없었을 것이다. 이집트와 테베의 모든 도시와 마을들은
> 마치 성벽에 둘러싸이듯이 은수사들의 거처들로 둘러싸여
> 있었다. 그리고 사람들은 마치 하나님을 의지하듯이 이들
> 수도사들의 기도에 의지하고 있었다. 어떤 수도사들은 사
> 막의 동굴 속에서 살고, 어떤 사람들은 보다 깊은 곳에 들
> 어가서 살았다.*218*

이같은 설명은 사막 교부들의 당시 사회적 영향력, 사막의
영성이 마을과 도시의 이웃들에게 끼친 영적 파장의 실체를 엿볼
수 있는 표현들이라 할 수 있다. 그런 점에서 안토니의 생애에서
사막이 마치 도시와 같이 사람들로 북적거렸다고 설명한 아타나
시우스의 표현은 단순한 과장이 아닌 것 같다. 오랜 독수도생활 속
에서도 안토니는 "우리의 삶과 죽음은 우리의 이웃과 함께 합니
다. 우리가 형제를 얻는다면 하나님을 얻는 것이요, 우리가 형제
를 넘어뜨린다면, 그리스도께 범죄하는 것과 같습니다"라고 고백
하며 이웃의 중요성을 힘주어 강조한 바 있다.*219* 이는 예수 그리

스도의 대계명을 실천하며 살고자 한 사막 교부들의 공통적인 태도였다. 이에 수많은 이들이 사막의 수도사들의 그 물러섬의 자리에서도 환대를 경험할 수 있었다. 오히려 사막이 도시와 같았다라는 표현은 당시 도시에서 이룰 수 없는 관계의 목마름이 얼마나 심각했던가를 반증해 준다.[220]

순교의 시대가 막을 내리고, 로마가 공인한 교회의 변질과 타락에 직면하여 사막으로 물러난 이들의 주요 관심사는 어떻게 하면 하나님 사랑과 이웃사랑을 온전히 실현할 수 있는가에 대한 고민이었다. 그들은 사막을 고립과 자기 안위를 위한 장으로 보지 않았으며, 오히려 자기포기와 타인에 대한 포용과 환대를 훈련하는 장으로 여겼다. 해방된 노예의 신분으로 강도질을 일삼다가 회심한 사막의 교부 모세는 그 삶 가운데 수실에서의 참회적인 영적 분투를 누구보다 강조하였다. 그럼에도 불구하고 그는 수덕적 삶에서 이웃을 위한 자리의 중요성을 잊지 않았다. "수도사는 이웃에 대해서 죽어야 하며 절대로 이웃을 판단하지 말아야 합니다."[221] 그는 결코 도망자가 아니었던 것이다.

사막의 수도사에게 이웃사랑은 필요한 경우에만 제한적으로 친절을 베푸는 부수적 활동이 아니었다. 수덕생활에 집중하기 위해 계속해서 사람들로부터 물러서야 했던 그들은, "네 이웃을 네 몸과 같이 사랑하라"는 두번째 계명을 실행할 기회가 그만큼 제한되어 있었기 때문에 방문자나 타인을 환대하는 일을 다른 무엇보다 중대하게 여겼다. 교부 난쟁이 요한은 집을 건축할 때 지붕부터 짓고 아래로 내려오지 않고 기초부터 시작해서 지붕을 나중에 올린다는 사실을 예로 들면서, 앞에서도 인용한 것처럼 이웃은 마치 집을 짓는 건축의 기초와도 같다고 설명한다. "기초가 우리가 얻어야 할 이웃이며, 그들이 출발점입니다. 그리스도의 모든 계명이 이것에 기초를 두고 있습니다." 사막의 수도사들에게 이웃 사랑은 이중의 의무를 부여한다. 첫째는 연약한 이웃을 돕기 위해 노동할 것과, 둘째로 이웃을 언제든 맞이하기 위해 수도사 자신의 삶의 방식을 거기에 적응시키는 것이다. 한마디로 그것은 이타적 환대philoxenia를 실천하며 살아가는 것을 의미했다.

전 켄테베리의 대주교인 로완 윌리암스Rowan Williams는 사막 교부들과 교모들에 대한 연구를 통해 영적 삶은 결코 추상적인 관념이 아닌, 구체적인 관계성의 공동체 안에서의 사고, 마음, 행위, 활동으로부터 나온다는 사실을 분명히 확인할 수 있었다고 밝히고 있다.222 사막의 교부들과 교모들은 그들이 자발적으로 참여한 "성령의 실험실"인 사막에서의 수덕적 훈련의 경험들을 나눌 뿐만 아니라, 인간은 하나님과 사람 앞에 어떠한 존재가 되어야 하는가에 대해 구체적이고, 심리학적으로 깊은 수준의 통찰을 제공하고 있다. 관조, 묵상, 영적 삶은 그리스도의 몸 안에서의 실제적인 삶, 구체적인 공동체 안에서의 삶을 배제한 채로 추상적이고 관념적으로 이루어 질 수 없는 것이다. 오히려 죄악 된 생각에 대한 사막 교부들과 교모들의 깊고 지속적인 성찰은 타인과의 만남과 관계에 기초한 것이며, 그들의 영적 지도의 내용은 더 온전한 하나님과 이웃과의 관계성에 대한 것이었다고 볼 수 있다.

이웃에 대한 물리적 거리가 사랑의 순도를 결정짓는 것이 아니다. 오히려 이웃과 가까이 살아가면서도 인간은 좀처럼 타인에 대한 통제욕구에서 벗어나지 못하는 경우가 허다하다. 사막 교부들과 교모들의 급진적 정직은 이같은 타인에 대한 통제 욕구에서 벗어나지 못하는 거짓 자아를 벗어버리기 위한 훈련이었다. 교부 마카리우스는 스스로 더이상 유혹이 없노라 주장하는 테오펨투스에게 '당신은 거짓말을 하고 있습니다. 나는 당신이 죄인이며 유혹이 많다는 사실에 대해 잘 알고 있습니다' 라고 정죄하거나 책망하지 않고, 대신 마카리우스 자신이 시달리고 있는 유혹들에 대해 구체적으로 고백한다. "나는 오랜 세월 동안 금욕 생활을 해왔고 모든 사람의 칭송을 받고 있지만, 이렇게 늙었는데도 불구하고 간음의 영이 나를 괴롭힙니다."[223] 마카리우스의 겸손과 두려움 없는 급진적 정직을 경험한 테오펨투스는 자신도 유혹이 그런 유혹이 많음을 그제서야 고백하며, 그 마음을 열고 마카리우스로부터 다른 영적 권면들을 경청하는 모습을 보여준다. 상대에 대한 통제의 자리에서 물러나 스스로 책망 받고 거절당할 수 있는 연약하고 취약한 자리에 서는 것. 이것이 사막의 교부들이 이웃을 품고 그들이 하나님께로 돌아오도록 이끄는 길이었다. 이것은 타인에 대한 통제욕에 사로잡힌 나머지 "천국 문을 사람들 앞에서 닫고 너희도 들어가지 않고 들어가려 하는 자도 들어가지 못하게 하는" 외식하는 서기관과 바리새인들과는 다른 길이었다.마23:13뿐만 아니라 이것은 현대 기독교의 승리주의적 방식과도 거리가 먼 것이라 할 수 있다. 신앙의 연륜이 쌓이고, 직분에 임명 받고, 공동체를 통한 명망이 높아질수록 우리는 자신의 취약함을 감추고 타인에 대한 통제력을 더 강화하기 위해 골몰한다. 더이상 상호 지체됨이 아닌, 스스로 머리가 되려는 안간힘이 앞설 때, 허영심, 시기, 교만의 죄악된 생각들은 끊임없는 유혹이 되어 나를 괴롭힐 뿐이다.

오랜 사막의 수도생활을 한 파프누티우스의 이야기도 타인에 대한 통제권을 내려놓은 좋은 본보기라 할 수 있다. 어느 날 사막에서 길을 잃은 파프누티우스가 한 마을 근처까지 내려 오게 되었다. 마침 그때 사람들이 모여서 악한 일에 대해 서로 이야기 하는 것을 듣게 되었지만, 파프누티우스는 말없이 서서 자기 자신의 죄에 대해 기도했다. 그런 그에게 천사가 손에 칼을 들고 나타나 형제를 판단하는 사람들은 칼에 의해 망하지만, 파프누티우스는 판단하지 않고 하나님 앞에 겸손히 자신의 죄를 자백하였음으로 생명 책에 그 이름이 기록될 것이라고 축복하였다고 전해지고 있다. 가까이 살면서도 우월감과 배타심 가운데 끝까지 이웃에 대한 정죄와 통제권을 포기하지 않으려는 이들과 달리, 사막의 교부와 교모들은 비록 물리적 거리를 두며 살았지만, 이웃에 대한 통제욕

을 내려놓고 오히려 이웃 앞에서 자신을 더 겸손히 낮추는 삶을 실천했다.224

정죄는 죄악을 범한 영혼에 대한 치유제가 되지 못한다. 죄를 극복하기 위해 가장 중요한 장치는 그것을 스스로에게, 또 지체들에게 솔직히 고백할 수 있는 두려움 없는 공간을 창조해 내는 일이다.225 사막은 그런 점에서 스스로의 취약함을 고백하기에 두려움 없는 공동체를 형성하는데 일조했다. 끊임없이 상대 앞에서 자기 자신의 허물과 연약함을 감추어야 하는 세상과는 달리, 유일하게 자신의 죄악들을 드러낼 수 있는 곳, 내면의 어두운 사고들과 사악함을 언제든 토해낼 수 있는 곳. 그럼에도 결코 그것으로 정죄받거나 희생양이 되지 않는 곳. 있는 그대로의 가장 취약한 모습으로 하나님 앞에 서는 일이 진정한 안전함이 됨을 경험할 수 있는 곳. 이처럼 사막은 이웃과의 물리적 거리를 초월해 타인과의 관계 가운데 형성된 보이지 않는 장벽들을 허무는 자리였다.

스스로 다른 사람과 나는 다르다는 의식에 사로잡혀 살아갈 위험이 있는 독수도사들은 일찍이 "어디에 살든지 다른 사람들과 똑같이 생활하십시오"라고 가르침을 준 교부 모티우스의 금언을 마음에 새기며 살아갔다.226 사막의 교부들과 교모들이 자신을 더 가혹하게 몰아 붙이려는 수도사들의 수덕적 삶을 만류하고, 오히려 끊임없이 균형 잡히고 지나치지 않은moderate수준의 금식과 철야를 강조한 이유 가운데 하나는 결국 타인의 자리를 위함이었다고 볼 수 있다. 그들은 누구도 범접할 수 없는 경지의 성인이 되는 것이 목적이 아니었고, 반대로 누구라도 찾아와 기댈 수 있는 열린 여백을 가진 인간이 되는 것이 목적이었다.227

자기 집착과 자기 만족에 도취된 나머지 내 앞에 있는 것을 온전히 보지 못하는 현상을 부주의함inattention이라고 정의할 때, 사막의 영성은 시종일관 자기자신의 생각과 동기를 신중히 성찰하는 주의집중attentiveness을 강조하고 있다. 인간은 쉽게 이웃과의 관계에서 상대방을 예단하고, 정죄하고, 통제하려는 경향이 있다. 시기심, 분노, 의심, 우울함, 조바심 등은 이같은 과정 가운데 형성되는 부주의한 생각들과 감정들이라 할 수 있다. 사막의 수덕적 훈련들은 이같은 부주의함을 방지하는 훈련이라 할 수 있다. 그런 점에서 우리는 사막의 영성을 통해 개인적 영성의 기교나 기술이 아닌, 이웃과의 화해와 어울림의 도구가 되는 길을 배울 수 있다.228

급진적 환대

앞서 사막의 수도사들에게 이웃사랑은 이타적 환대를 실천하며 살아가는 것을 의미한다고 설명하였다. 이타적 환대를 뜻하는 헬라어 *philoxenia*의 본래적 의미는 타인*xeno*에 대한 사랑*philo*이다. 성경을 통해 환대는 믿는 자들의 정체성과 직결되는 삶의 방식으로 줄곧 그 급진성을 드러낸다. 애굽의 노예로부터 해방된 하나님의 백성으로서의 출애굽 공동체는 그 이웃은 물론, 과부나 고아, 나그네와 같은 약자들을 압제하지 말며, 적극적으로 환대하도록 명 받았다.출22:21-27; 레19:33-34그러나 무엇보다 타인에 대한 환대의 엄중함은 바로 예수께서 비유를 통해 그 "타자"와 당신을 동일시 하신데 있다. "내가 주릴 때에 너희가 먹을 것을 주었고 목마를 때에 마시게 하였고 나그네 되었을 때에 영접하였고, 헐벗었을 때에 옷을 입혔고 병들었을 때에 돌보았고 옥에 갇혔을 때에 와서 보았느니라... 내가 진실로 너희에게 이르노니 너희가 여기 내 형제 중에 지극히 작은 자 하나에게 한 것이 곧 내게 한 것이니라"마 25:35,40 이같은 환대의 급진성은 실제 초대 교회 내에서 타인에 대한 환대로 실천 되었고갈6:10; 벧전4:9; 히13:2, 사막의 수도사들 역시 이같은 타인에 대한 환대의 전통을 그 삶 가운데 적용하였다.

압바 아폴로는 형제들을 영접하는 일에 관해서 말하기를 방문하는 형제들에게 절하며 인사를 해야 한다고 했다. 왜냐하면 그것은 형제들에게 절하는 것이 아니라 하나님 앞에서 하는 것이기 때문이다. 그는 "당신은 형제를 만날 때 당신의 주 하나님을 만납니다"라고 말했다. 그리고 또 말하기를 "우리는 이 사실을 아브라함에게서 배웠습니다.창 18형제들을 영접하면서 잠시 쉬었다가 가라고 하십시오. 롯은 천사들을 이런 방법으로 영접했습니다"창19:3라고 했

다.[229]

사막 교부들의 환대가 더더욱 "급진적"인 것은 그들이 삶의 중심이 되는 수덕적 삶보다 늘 타인의 자리가 앞섰기 때문이다. 무명의 교부가 오랜 금식을 하다가 한 형제가 방문하자 금식을 중단하고 그 형제와 식사를 함께 한다. 그는 자신의 이같은 행동에 대해 다음과 같이 설명한다. "금식에는 보상이 따르네. 그러나 사랑 때문에 다시 먹는 자는 두 가지 계명을 이룬다네. 자신의 의지를 버리고 형제들을 먹이라는 계명을 이뤘기 때문이네."[230] 동일한 이유에 의해 존 카시안 역시 그 첫 금언을 통해 손님이 오면 모든 금식은 부차적이 되어야 한다고 권면하고 있다. 그의 『제도집』*The Institutes*에서 수도사들에게 탐식의 규율을 강조하는 본문에서조차 카시안은 방문객을 위해 때론 하루에 여섯 번씩이나 식탁을 차리며, 각 사람이 먹을 때마다 함께 먹었다는 한 교부의 이야기를 전해주면서, 타인에 대한 환대는 수덕적 삶보다 더 급진적으로 실행되어야 함을 강조하였다.[231] 탐식에서 벗어나지 못하면 결코 내면의 분투에서 승리할 수 없다고 보았던 사막의 교부들과 교모들임을 고려할 때, 방문객에 대한 이같은 환대는 파격이 아닐 수 없다.

어떤 면에서 사막의 교부들의 급진적 환대는 강박에 가까울 정도다. 한 무명의 교부는 형제의 냄비에 이끼가 낀 것을 보고, "그대는 손님접대hospitality를 아예 하지 않았군!"이라고 책망하였다.232 사막의 수도사들은 세상으로부터 물러남으로 이웃사랑의 계명을 실행할 기회가 상대적으로 제한된 상황이었기 때문에, 그들에게 손님의 방문은 아주 중대한 일이었다. 포에멘은 세가지 수도사들의 덕을 소개하는데, "하나님에 대한 두려움, 쉼없는 기도, 그리고 환대"라고 말한다.233 포에멘이 환대에 대해 이토록 중요하게 생각한데에는 교부 모세의 영향이 있었을 것으로 보인다. 모세는 일찍이 포에멘에게 일곱가지 수덕생활의 지침을 주는데, 첫째 이웃에 대해 죽을 것, 둘째 모든 일에 대해 죽을 것, 세째 자신이 죄인이라 생각할 것, 네째 행동과 기도가 일치하도록 할 것, 다섯째 금식과 철야를 통해 영혼을 겸손하게 할 것, 여섯째 울면서 선하신 하나님께 도움을 구함으로 악한 생각을 뿌리 칠 것, 일곱 째, 이웃을 판단하지 말 것.234 이 일곱 가지 지침을 보면 다섯 가지의 내면적이고 수덕적인 삶에 대한 지침을 이웃에 대한 환대와 사랑의 지침들이 앞뒤로 감싸고 있는 것을 볼 수 있다. 그만큼 이웃 사랑은 수덕 생활의 처음과 마지막이라 할 수 있다.

간략히 살펴보았지만, 사막의 영성에서 환대는 수덕적 삶을 이루는 중대한 요소임을 알 수 있다. 우리는 홀로 결코 영적인 진보를 이룰 수 없다. 진정한 영성형성을 통한 성장을 원한다면, 우리에게는 다른 사람들이 필요하다. 사막의 영성은 그런 점에서 역설적이다. 사막의 수도사들은 독거의 삶을 추구하면서, 동시에 타인을 품기 때문이다. 그러나 이 둘은 서로 모순이 아니다. 이웃을 위한 자리는 독거의 자리에서 형성되며, 이웃과의 관계 속에서 우리는 더 깊은 독거와 자기 성찰의 시간이 필요로 하기 때문이다.

실제적인 realistic 환대

미디어를 통해 연일 보도되는 세계 곳곳의 테러리즘의 공포에 길들여진 사람들은 그들의 세상을 어느 순간부터 색안경을 끼고 본다. 공포심은 도적과도 같이 그들의 마음을 빼앗고, 다른 사람과의 관계성을 약화시킨다. 공포 속에서 사람들은 언제 부서질지 모르는 온실 속에 머물러 있을 뿐이다. 그러나 문을 걸어 잠그고, 보안장치를 켜고, 홀로 있는 자리로 들어가서는 정작 리얼리티 쇼를 보며, 소셜 미디어를 통해 어떻게든 '연결' 되려 애쓰는 그들의 모습은 그 누구보다 외로운 우리 모두의 자화상이다. 그러나 이런 삶에 타인은 환대가 아니라 공포의 대상일 뿐이다. 성경을 통해 강조되는 타인에 대한 환대 philoxenia에 앞장서야 할 그리스도인들이 오히려 타인에 대한 공포 xenophobia 가운데 움추리고 있는 모습을 보게 되는 일은 더이상 낯설지 않다.

길에서 강도를 만나 죽어가는 자는 간과 되었다. 그 시대의 "바른" 사람들에 의해, 그 시대의 가치관과 우선순위에 충실히 따라가는 사람들에 의해서는 말이다. 그들은 우리와 같다. 그들에게는 해야 할 일이 있고, 그 일을 완수하기 위해 갈 길이 바쁘다. 그들은 결코 나쁜 사람들이 아니다. 그들은 조심스러움 혹은 안전을 하나의 덕목으로 삼고 살아가고 있을 뿐이다. 그러나 '안전불감증' 이라도 걸린 듯한 사마리아인은 멈춰서서 기꺼이 그 강도 만난 자를 살폈다. 그리고 먼 길을 마다하지 않고 그를 돌봐 주었다. 시간과 에너지와 자원들을 아끼지 않은 것이다. 누가복음 10장에 나오는 사마리아인의 비유를 통해 주님께서는 오늘날 우리에게 필요한 것이 안전safety이 아닌 수용acceptance임을 일깨워 준다.

오늘날 교회 안에서 은혜로 충만한 사람들은 많다. 그러나 하나님께서 찾으시는 사람은 세상 속에서 기꺼이 상대에게 자신을 내어 줄 수 있는 사람이다. 그런 사람이야말로 우리 시대의 선한 사마리아인이 될 수 있다. 사막의 교부들과 교모들은 개인적 수덕생활과 이웃에 대한 섬김이 상충할 때, 주저 없이 섬김의 자리를 택했다. "우리는 수실의 나무 문을 닫는 것을 배우지 않고 혀의 문을 닫는 것을 배웠습니다"라고 말했던 포에멘처럼, 사막의 수도사들은 수덕적 훈련을 통해 그들의 삶을 통제한 것이지, 방문자들에 대한 환대의 문을 닫은 것은 아니었다.235 스케테에서 한 주간 금식을 하도록 명령이 내려진 때, 이집트로부터 온 방문자들을 위해 사막의 교부 모세는 음식을 장만했다. 이에 그의 수실에서 연기가 나는 것을 보고 사제들에게 이를 보고한다. 그러나 모세의 평소 올곧은 수덕적 삶을 익히 알고 있던 사제들은 모세를 다음과 같이 격려한다. "모세여, 당신은 사람의 계명금식을 지키지 않았습니다. 그렇지만 그렇게 행한 것은 하나님의 계명환대을 지키기 위해서였습니다"*236*

　길들여진 우리 시대의 환대와는 달리, 사막의 영성은 환대를 실제적realistic으로 본다. 그것은 수고하고 노력한대로 드러나는, 대가가 따르는 훈련이다. 무엇보다 환대는 우리를 불편하고 때론 지치는 자리에 놓이게 한다. 환대는 우리 자신을 이같은 취약성 vulnerability앞에 노출시킴으로 나의 있는 그대로의 인간됨을 드러내는 훈련이 되게 한다. 그런 점에서 환대함에 있어 중요한 것은 나에게 얼마나 많은 자원들이 있느냐가 아니다. 환대의 가장 큰 장벽은 주변환경이 아닌 나의 생각과 마음의 상태에 있다. 이에 대해 베네딕트회 수도사인 다니엘 호만Daniel Homan은 다음과 같이 권면한다.*237*

　만일 당신이 더 환대할 수 있는 길을 생각하고 있다면, 그 속도를 늦추시기 바랍니다. 당신 집의 문을 여는 것을 아직은 걱정하지 마시기 바랍니다. 대신 당신의 마음을 여는 일에 집중하십시오. 얼마나 많은 시간을 들여야 할지 혹은 어떻게 그 일이 이루어질지 염려하지 마시기 바랍니다. 대신, 당신의 내면을 살펴보고 누군가 머물 수 있는 공간이 당신 안에 있는가를 찾아보시기 바랍니다.*238*

　두려움의 문화에 종속될 때, 우리는 상대방을 한 사람의 인간이 아닌, 우리의 틀로 규정하고 꼬리표를 붙인다. 그러나 그러한 꼬리표들이 변하여 사람 하나 하나의 얼굴이 되어줄 때, 타인과 나 사이의 장벽은 허물어진다. 그런 점에서 아파트 윗층 아이가 뛰어다니는 바람에 층간 소음에 시달릴 적에는 윗집 아이에게 아이스크림을 들고 찾아가라고 말한 누군가의 이야기 속에는 환대의 지혜가 있다. 그것은 뛰노는 아이를 달래기 위한 시도를 하라는 의미가 아니라, 윗집에 사는 아이가 누구인지를 직접 만나 보고 알게 될 때, 나는 이 다음에 윗집에서 들려오는 층간 소음에 분노보다는 내가 아는 아이가 쿵쾅대며 뛰어다니는 소리 임을 알고 미소를 짓게 된다는 의미다. 환대는 그렇게 타자를 내 마음에 들어오도록 여백을 만드는 일부터 시작된다.

영성은 자기개발을 위한 상품이 아니다. 영성은 처음부터 끝까지 관계적relational이다. 모든 관계는 마냥 편하지 않다. 상대를 향한 배려와 관심은 물론, 불편 감수와 일정한 긴장감이 필요하다. 영성의 핵심적 질문은 "제가 당신을 더 잘 알아도 될까요?"에 있다. 따라서 환대의 영성 역시 그 요점은 내가 무언가를 성취하고, 얼마의 돈을 굶주린 자에게 줌으로 세상을 정의롭게 변화시키는데 있는 것이 아닌, 내 안에 타인을 향한 자리, 그 관계성의 자리를 내어 주는데 있다.*239*

현실의 도전은 우리의 이 작은 행위가 거대한 어둠 앞에 있다는데 있다. 그 어둠이 너무 깊어서 우리는 절망하고, 아무 것도 하지 않은 채로 만족하려 한다. 그러나 그런 점에서 더더욱 환대는 우리의 내면에서 시작한다는 말을 다시금 확신해야 한다. 자원이 부족해서가 아니라, 마음의 여백이 부족해서 환대하지 못한다는 사실을 인정해야 한다. 우리는 세계의 기아 문제를 해결 못한다. 우리에겐 도시의 노숙자들의 삶을 극적으로 변화시킬 힘이 없다. 거기에는 분명 개인적으로 해결 못할 구조적 죄악의 문제가 있다. 그러나 한 영혼을 품기 위해서는 혁명가나 정치인이 필요한 것이 아니다. 열린 마음의 사람이 되는 일이 중요하다. 그 잔과 대접의 겉은 깨끗하지만, 내면의 탐욕과 악독이 가득했던 바리새인들에 대해 예수께서는 진정한 환대의 원리를 가르쳐 주셨던 것을 기억할 필요가 있다. "그 안에 있는 것으로 구제하라."눅11:41

　환대는 내가 무엇을 행하는가가 아닌, 내가 어떤 사람이 되는가에 대한 것이다.240 환대는 상대를 내가 원하는 모습으로 만드는데 있는 것이 아닌, 상대방이 있는 그대로의 그가 될 수 있는 자리를 기꺼이 주는 일이다. 두려움 없이 그가 내 안에 들어와 있는 그대로의 모습으로 거하도록 하는 타인에 대한 환대의 태도는 하나님께도 적용이 된다. 7장에서 살펴본 것처럼, 내가 예측할 수 있고, 내가 원하는 하나님이 아닌, 헤아릴 수 없는 나보다 크신 하나님을 인정하고, 나의 모든 바램과 욕망을 내려놓고 침묵 가운데 그분을 맞이하는 일은 환대의 영성과 통한다고 볼 수 있다. 하나님은 철저히 낯선 자로 우리에게 다가오신다. 이같은 사실을 놓친 채,

익숙한 방식으로 나의 기도의 자리, 묵상의 자리에 서게 될 때, 우리는 그 분께 대한 환대를 제대로 못하게 된다. 낯선 주님이 내 안에 온전히 머무시도록 하기 위해서는 내가 원하는 예수의 모습이 아닌, 있는 그대로의 주님을 받아드리는 일이 중요하다.

따라서 환대에는 인내가 필요하다. 인내심을 잃을 때, 우리는 타자에게 내가 원하는 방식을 강요하고, 쉽게 실망하고, 경계하게 되고 만다. 그런 설익은 환대는 오히려 타자와의 관계에 더 깊은 상처만을 남기기 쉽다. 인내하는 환대는 상대가 두려움 없이 거하며 자라날 수 있는 여백을 준다. 그러나 분주한 삶의 리듬을 그대로 가져와 하나님께 예배 드리는 우리의 삶에는 인내가 빠져 있는 경우가 많다. 통성기도가 종종 독촉의 기도처럼 보이는 것도 같은 이유에서이다. 타자이신 하나님을 받아드리며, 내 안에 그 분의 자리를 내어 드리는 일, 거기서 그 분이 당신의 뜻을 드러내시며, 자유롭게 일하시도록 기다리며, 주목하는 일이 우리에겐 필요하다. 이에 사막으로의 물러섬과 침묵 속에 참된 타자에 대한 환대가 있는 것이다. 기다림이라는 숙성된 시간 가운데 우리는 하나님과 이웃을 향한 환대를 실제적으로 이루어 나갈 수 있는 것이다.

베네딕트 옵션을 넘어 사막의 옵션Desert Option

미셔널 처치missional church혹은 선교적 교회 운동이 후기 기독교 시대post-Christiandom를 맞은 서구 기독교의 대안으로 떠오르고 있다. 미셔널 처치는 한마디로 지역 공동체 속으로 들어가는 교회 되기의 운동이라 할 수 있다. 하나님의 선교의 중심이 교회가 아닌 세상이라는 사실을 새삼 깨달은 '온실 속의' 교회가 점차 "영적이지만 종교적이지 않은"SBNR, Spiritual But Not Religious이들 혹은 우리 식으로 더이상 교회를 다니지 않는 "가나안 성도들"이 늘어나고 있는 상황에서 이제 교회 건물을 벗어나 이웃의 삶 속으로 더 깊이 진정성을 가지고 참여하는 삶이 강조된 운동이라 할 수 있다.

선교의 중심이 교회가 아닌 이웃이라고 했을 때, 중요한 화두는 과연 지역 교회가 과연 진정으로 "지역을 위한" 교회가 될 수 있겠느냐는 것이다. 대형화를 추구하는 오늘날 교회들은 "지역적local"이기를 포기하고 언젠가부터 "전지구적인"global표준화된 교회의 대열에 합류하고자 안간힘이다. 이를 위해 그들은 새로운 프로그램과 장비들, 트렌디하고 볼 것이 많은 열린 예배와 세련된 모임들을 기획하는데 골몰한다. 예측가능하고, 수량화 될 수 있으며, 효율적이며, 통제 가능한 시스템으로서의 교회를 구축하는 일은 사회학적인 용어를 빌려 표현하자면 교회의 '맥도널드화' McDonaldization라고 칭할 수 있다.241 문제는 이러한 맥도널드화된 교회를 지향하는 현대 교회가 미셔널 처치에 대한 열망을 품고 있다는 사실이다. 전지구적인 확장성에 대한 욕구를 품은 교회가 과연 지역을 위한 충성과 헌신을 구현하는 교회가 될 수 있을까? 아프리카나 재난 국가의 가난한 자들과 약자들을 위해서는 구제

헌금을 내고, 각종 감동적인 책자와 동영상들을 제작하면서도, 정작 내가 살아가는 지역의 약자들의 문제에 대해서는 무감각하며, 내 이웃의 이름과 얼굴조차 알지 못하며 살아가는 우리들 아닌가? 대부분의 성도들은 물론 교역자들마저 대부분 그 지역에 살고 있지 않은 상황에서 과연 나의 교회는 "지역" 교회로서 그 역량을 드러낼 수 있을까? 현재 나의 교회에는 거대한 세계지도는 벽에 걸려 있지만, 정작 내가 살아가는 지역의 지도는 부재하지 않은가? 세계를 품은 교회가 될 수 있을지는 잘 모르겠지만, 우리의 교회는 갈수록 더 지역을 품지는 못한다는 생각이 드는 것은 필자만의 불길한 생각일까?

미셔널 처치가 진정으로 한국 교회에 정착되기 위해서는 지역과 이웃에 대한 뿌리내림 속에 실제적 환대가 전제되어야 한다. 정주가 아닌 난비의 신앙으로는 나의 교회는 결코 "지역적"일 수가 없다. 이와 비슷한 고민 가운데 최근 로드 드레허Rod Dreher가 쓴 『베네딕트 옵션』Benedict Option이라는 책이 출간되어 화제를 일으켰다.242 이 책은 후기 기독교 국가를 살아가는 미국의 보수 기독교에 대한 자기반성과 그에 대한 대안을 6세기 베네딕트 수도회에서 찾아야 한다는 내용이 그 골자다. 전통적 기독교적 가치와 도덕성을 지키려는 목적으로 태동한 미국의 "도덕적 다수"Moral Majority운동은 복음주의자들로 하여금 공화당을 지지하도록 이끌었으며, 로널드 레이건이나 조지 부시 부자의 당선에 주도적인 역할을 하였다. 그러나 이같은 정치에 기반한 운동이 과연 세상을 변화시켰는가? 오히려 교회는 종교적 소비주의의 터가 되고 있고, 더이상 그 삶과 신앙이 일치하지 않는 혐오와 정죄, 배타심에 사로잡힌 교회를 다니지 않겠다는 SBNR은 급증하고 있는 실정이다. 무엇보다 2016년 미국 복음주의자들의 81%의 지지를 받고 당선된 도널드 트럼프 대통령은 도덕적 다수 운동이 처절한 실패임을 단적으로 보여준다. 종전까지 공화당을 지지하는 복음주의자들은 기독교적 가치와 도덕성, 건강한 가족관과 성윤리의식을 가진 후보자를 지지해 왔다. 그러나 트럼프는 그런 기준에는 전혀 미치지 못하는 후보자였다. 그럼에도 그가 복음주의자들의 절대적인 지지를 받았다는 사실은 무엇을 말해줄까? 트럼프는 문제가 아닌, 우리 시대의 증상symptom이다.*243*

드레허는 스스로 독자적인 기독교 문화를 형성하지 못한 채 정치권력에 의존하려 했다는데서 도덕적 다수운동의 실패 원인을 찾는다. 그는 대안적 문화를 형성하지 않고는, 어떠한 바른 정치적 입법과 리더십도 후기 기독교 시대의 변질된 가치관과 타락한 도덕성의 거대한 물결을 막을 수는 없다고 주장하면서 이러한 거대한 "홍수"와 싸우는 지혜로운 방법은 단순히 홍수와 맞서 싸우는 것이 아님을 주지시킨다.

홍수와 싸우는 최선의 방법이… 홍수와 싸우기를 포기하

는 것일 수 있을까? 다시 말하면, 모래주머니 쌓기를 멈추고, 물이 물러나 마른 땅에 다시 발을 내디딜 수 있기 전까지 피신할 방주를 만드는 것 말이다. 이길 수 없는 정치적 투쟁에 에너지와 자원을 허비하기보다, 우리는 점령군의 의표를 찌르고 그보다 오래갈 수 있으며 마침내 점령군을 물리칠 수 있는 공동체와 기관과 저항 네트워크를 건설하는데 힘써야 한다.[244]

드레허는 이같은 "방주"의 전략이 새로운 것이 아닌 이미 6세기 누르시아의 베네딕트를 통해 입증된 것이었다고 밝힌다. 야만족에 의해 무너진 로마제국과 그 암흑기에 기독교적 신앙과 그 가치를 지켜낼 수 있었던 비결은 베네딕트 규범Rule of Benedict에 기초한 베네딕트 수도사들의 삶에 있었던 것이다. 드레허는 세속을 떠나 대안적 삶의 규칙에 근거해 대조적 삶을 살았던 이들 수도사들의 모습을 이제 우리가 배워야 한다고 주장한다. 이전까지만해도 수도원주의를 도피주의, 비현실주의로 폄하하던 보수적 기독교계 내에 오히려 수도원주의가 하나의 대안으로 부상한 것은 일대 사건이라 할 수 있겠다.

사실 비현실적인 세상에서 수도원은 지극히 현실적인 공간이다. 삶의 단순성을 회복하고, 가면을 벗고 하나님을 만나며, 외로운 인간이 어떤 조건 없이 환대받을 수 있는 곳이 수도원이다.

타인에 대한 공포와 혐오가 심화되고 있는 현대 사회에서, 사랑보다 정죄가 앞선 교회는 수도원을 통해 배워야 한다. 그러나 드레허의 베네딕트 옵션은 기존의 보수주의 기독교의 톤을 포기하지 못하고 있다. 오히려 그의 방주로서의 베네딕트 수도원에 대한 모델링은 세상으로부터 교회를 지켜내려는 기존의 보수주의 기독교의 강박을 더 부채질 한다고도 보여질 수 있다. 실제로 드레허는 수도원 담장 내에서의 대안적 삶에 초점을 맞춘다. 이를 통해 미국식 대안학교, 홈스쿨, 기독교적 기업 세우기 등을 제시한다. 과연 이것이 베네딕트가 지켜려고 했던 것일까?

어떻게 교회를 지킬 것인가가 아닌, 어떻게 세상을 섬길 것인가가 우리의 질문이 되어야만 한다. 우리 모두는 교회를 위해서가 아닌, 세상을 위해 부름 받았기 때문이다. 그리고 그것이 수도원의 본래적인 부르심이기도 하다. 그런 점에서 드레허의 베네딕트 옵션은 미완의 작업이라 할 수 있다. 이들 수도원들이 중세의 암흑기에 오히려 기독교 신앙의 뼈대를 형성할 수 있었던 비결을 파악하기 위해서는 사방이 담장으로 둘러 쌓인 베네딕트 수도회를 볼 것이 아니라 두려움 없이 세상을 향해 개방된 베네딕트 영성을 주목해야 한다. 그리고 그러한 베네딕트 영성의 뿌리가 되는 사막의 영성이 그 대안option이 되어야 할 것이다.[245]

사막의 영성은 물러섬의 자리에서 타인의 자리를 더 공고히 한다. 그것은 내면에서의 환대로부터 시작된 것이었다. 독수도사를 중심으로 시작된 사막의 영성은 점차 이같은 환대의 중요성 앞에서 공주 수도원의 형태를 갖춘다. 최초의 수도원은 사막의 교부 파코미우스의 공동체였고, 파코미우스 공동체의 규범집은 훗날 베네딕트가 그의 규범집을 만드는데 참고했던 Master' s Rule에 큰 영향을 주었다. 베네딕트는 그의 규범집 내에서 수도사들에게 존 카시안의 담화집을 반드시 읽을 것을 권한 바 있다. 베네딕트를 비롯하여 당대의 많은 수도원 중심의 신학자들은 사막 교부들의 문헌들을 그들의 수덕주의적 삶을 형성하는데 필요한 책으로 애용하였음을 볼 수 있다.

사막의 영성, 그것은 결코 화려하고 성과 중심의 맥도널드화된 복지 시스템을 보장해 주지는 않았지만, 어떻게 한 영혼이 두려움 없이 내 안에 들어와 자라날 수 있는가에 대한 실제적인 삶의 향기를 드러내 주었다.

성찰과 토론

1. 영성은 궁극적으로 타자를 위한 것이다. 나의 영적 훈련들이 과연 그런 타자를 위한 길로 나아가고 있는지 성찰해 보자. 나의 영적 훈련들은 종교적 소비주의로 변질되어 있지 않은가? 혹은 단순한 지적 동의 내지는 지적 호기심에 머물고 있지는 않은가? 나의 영적 훈련은 자기 개발을 위한 도구로 변질되어 있지 않은가?

2. 물러섬으로서의 사막의 영성은 역설적이게도 환대의 영성으로 통한다. 이 역설에 대해 당신은 어떻게 설명할 수 있는가? 본장에서 다룬 내용을 근거로 각자 이해한 바를 나누어 보자.

3. 분주한 당신의 삶 속에서 '급진적 환대'를 실행해야 하는 이유에 대해 생각해 보라. 그리고 그러한 급진적 환대를 실행할 실제적인 지침에 대해 서로 논의해 보라. 또 급진적 환대를 우리의 소그룹과 지역 교회에서 어떻게 실천할 수 있을지 적용해 보자.

4. 성경은 타인에 대한 환대philoxenia를 강조하지만, 오늘날 우리는 타인에 대한 공포xenophobia에 더 익숙하다. 이에 예배를 통해서는 세상 만민을 향한 사랑을 외치는데, 교회 문을 나서면

경계 모드로 전환된다. 이웃 없는 이웃 사랑을 부르짖는 탈육
신적 신앙생활을 극복해 나가기 위한 대안들에 대해 사막의 교
부들의 가르침을 근거로 논의해 보자. 특히 다니엘 호만의 권
면을 참고하여 이야기를 나누어 보기 바란다.

5. 로드 드레허의 『베네딕트 옵션』에 대해 다소 비판적이었던 저
   자의 입장은 무엇이었는가? 사막의 옵션은 과연 우리 시대의
   대안이 될 수 있을까? 환대와 관련하여, 혹은 앞에 장들의 주
   제들을 돌아볼 때, 과연 사막의 영성이 현재의 한국의 지역교
   회의 대안옵션이 될 수 있을지에 대해 논의해 보자. 구체적으로
   어떤 가능성이 있는가? 또 어떤 도전들이 있을까?

맺음말

"자신이 실제 생활에서 훈련 받은 것이 아닌 것을 다른 사람에게
가르치는 것은 위험합니다. 낡은 집을 가진 사람이 집에 손님을
맞으면, 손님에게 피해를 줍니다. 내면의 집을 세우지 않은 사람도
마찬가지로 그를 찾아오는 사람에게 해를 끼칩니다.
그는 말로써 사람들을 회심하게 만들 수 있을지 모르나,
악한 행동으로써 그들에게 해를 끼칩니다"[246] (신클레티카)

"당신은 밖은 매우 아름답게 치장하였지만
그 안은 강도들로 인해 파괴된 마을과 같습니다"[247] (안토니)

얼마 전 학회 일정 차 개인적으로 로마에 한 주간 머물 기회
가 있었다. 그러나 도시 자체가 박물관이라 할 수 있는 로마보다
내내 필자의 관심사는 수비아코Subiaco라는 로마에서 한시간 반 가
량 떨어진 작은 마을에 있었다. 사막의 교부들에게 영향을 받은 베
네딕트가 안토니처럼 어두운 동굴에서 3년간 독수도생활을 하던
자리가 바로 수비아코에 위치한 수도원에 지금도 남아 있어 거룩
한 동굴을 의미하는 "Sacro Speco" 라는 별칭으로 불리우고 있다.

이름난 큰 도시가 아니었기에 수비아코를 찾아가는 여정은 쉽지 않았다. 마침 로마의 지하철 총파업이 시작되는 바람에 시외 버스 정류장까지 찾아가는 일부터 난항이었다. 간신히 제 시간에 수비아코행 버스에 몸을 싣고 고속도로를 지내 산속 구비구비 돌아 도착한 수비아코. 그러나 베네딕트가 독수도생활을 했던 작은 동굴은 가파른 산 정상에 자리잡고 있어, 마을에서 4km를 더 걸어 올라야 했다. 작은 마을이라 더이상 영어도 통하지 않는 곳인지라, 평탄한 길이 분명 있을 법한데, 길을 잘못 들었는지 인적이 없는 산비탈을 걸어서 한참을 올라야만 했다. '왜 베네딕트는 이렇게까지 외지고 깊은 산자락까지 물러나야 했을까?' 내심 속절없는 원망도 하며 오른 한 동양인 이방인의 산행은 잠시나마 사막의 교부들의 물러섬, 독거, 침묵을 실감하는 순간이었다.

우여곡절 끝에 문이 닫기 전에 도착한 베네딕트의 작은 동굴. 가쁜 숨을 고르며 그 수도원 입구에 들어가니 벽 한켠에 다음과 같은 시 한편이 쓰여져 있다:

베네딕트여, 그대가 빛을 찾고 있다면,

왜 이토록 어둡고 작은 동굴을 택했는가?

이 작은 동굴은 그대가 찾고 있는 빛을 주지 않는다네.

그러나 어둠 속에서 환한 빛을 찾는 일을 계속 하게나

칠흙 같은 밤에 별들은 빛나기 때문이지

아무 빛도 들지 않는 작고 캄캄한 동굴에서 수덕생활에 전념했던 베네딕트를 향한 이 시는 그보다 200여년 전부터 도시를 떠나 사막으로 들어가 수실 안에 머물며 수덕생활을 했던 사막의 교부들과 교모들 또한 생각나게 한다. 중심이 아닌 변방에서 과연 변혁이 가능할까? 포화상태의 활동성으로도 모자라 더 시간을 쪼개고, 잠을 줄이고, 한 시도 쉬지 못하는 중심의 부산함 앞에서 변방의 더딘 시간과 고요함은 진정한 대안적 삶이 되어줄 수 있을까? 부르심 앞에 마음을 다지며 한발 한발 더 깊은 사막으로 나아갔던 그들에게도 이같은 의문 속에 나태함acedia에 빠지는 유혹이 있었을 것이다. 그러나 필시 그때마다 그들의 마음 속에 베네딕트를 향한 이 시와 같은 위로와 격려의 음성이 고요한 침묵 속에 그들의 내면을 사로잡았을 것이라 믿는다.

사막의 영성은 현대인이 받아들이기에는 쉽지 않은 급진적인 수덕주의ascetism를 통한 내면으로의 여정을 지향한다. 그 내적 여정은 사실 사막이라는 물리적 변방으로의 여정보다 훨씬 더 멀고, 험한 길이다. 아버지를 떠나 멀고 먼 나라로 떠났던 여정보다 더 긴 여정으로부터 돌아와야 했던 탕자의 이야기 역시 내면의 집을 향한 더디고 긴 귀향의 이야기였다. 참된 그리스도인으로서 이 내면의 여정을 피할 수 있는 사람은 없다. 교모 신클레티카의 권면처럼, 내면의 집을 바로 세우지 않으면서 겉으로만 반듯한 척 하는 사람은 자기 자신은 물론 다른 사람들에게도 해를 입히기 때문이다. 안타깝게도 작금의 한국 개신교는 성과주의, 성장중심주의, 종교적 소비주의, 활동성의 과잉 등에 종속되어 이같은 내면성을 견고히 하는데에 그 어느 때보다 취약한 상태에 있다. 문제가 곪아터져 나올 적마다, 오히려 더 많은 활동성과 열심, 교회 중심의 모임의 참여, 소비주의적 종교생활 등 그 외향성이 강조되고 있으니 그 출구가 안 보이는 상황이다.

　개인적으로 여전히 한국 개신교에 낯선 사막의 영성이라는 주제를 가지고 짧지 않은 시간 목회자들을 만나고, 함께 많은 이야기들을 나누는 데에는 안토니가 말한대로 "밖은 매우 아름답게 치장하였지만 그 안은 강도들로 인해 파괴된 마을과 같은" 나 자신과 목회자들의 모습을 보기 때문이다. 목회자들로부터 내면으로의 여정이 시작되지 않는 한, 한국 개신교는 끝없는 외부적 활동성에 이리 저리 난비하며 스스로를 소진시키는 고달픈 미래로부터 벗어날 수 없을 것이다. 당장의 겉으로 드러난, 혹 곧 드러나게 될 화려한 나의 모습에 스스로 속지 말 일이다. 그 안은 이미 황폐해질 대로 황폐한 내 자신이라면, 더 이상 속거나 감추지 말고, 당신의 사막으로 들어가라고 권하고 싶다. 하나님은 당신의 일과 사역보다 당신 자신에게 더 관심이 있으시다. 하나님은 당신의 난비하는 삶의 에너지보다 홀로 물러나 내적 침묵hesychia가운데 하나님을 신뢰하며 정주하는 모습을 더 사랑하신다. 하나님은 당신의 교만한 중심보다는 급진적 정직 가운데 겸손하며 열등감 없는 변방의 자리를 통해 일하신다. 하나님은 당신이 세상을 향해 나아가자고 외치는 뜨거운 열정보다는 내적 평정심apatheia으로 곁의 이웃을 위해 당신의 마음의 문을 열어줄 수 있는 당신의 수실을 더 사랑하신다.

독거, 침묵, 정주, 급진적 정직, 부정의 영성, 환대. 여섯가지로 나누어 소개한 사막의 영성 훈련들은 어느 하나 만만한 것이 없다. 그 만만치 않음은 분명 "중심"의 운동성과 속도와는 다른 "변방"에 대한 낯섦과 당혹감에서 온 것이리라. 그러나 서문에서도 말한 것처럼, 참된 변화와 창조는 그런 낯설고 당혹스러운 변방에서 이루어진다. 이에 중심부에 대한 콤플렉스를 내려놓고, 당신의 내면의 사막의 변방에 이들 사막의 교부들과 교모들을 벗삼아 분투하기를 권하는 바이다.

유진 피터슨은 오늘날 개신교가 과거를 돌아보지 못하는 기억상실증에 걸린 "한 세대 교회"one-generational church라고 비판한 바 있다. 그는 기억을 갈고 닦지 않으면 우리는 현재의 유행과 새것에 기대어 하루살이처럼 살아갈 것이라고 경고하면서, "천국을 향한 경주에서 그리스도인은 각자 자기 세대의 스타팅블록을 박차고

질주하는 것이 아니며 계주 팀에 속해 있다"는 사실을 상기 시킨다. 그것이 우리에게 풍부하게 축적된 유산이자 가족사라는 것이다.*248*

그런 점에서 오늘날 사막의 영성은 물론, 사막의 수도사들로부터 영향을 받은 중세 수도원주의에 대한 관심이 개신교 안에서도 점차 커가고 있는 현상은 반가운 일이다. 오늘날 우리가 이미 훈련하고 있는 많은 영적 훈련의 전통들은 사실 사막의 수도사들과 이후 수도원들을 통해 오랜 시간 훈련되어 왔던 것들이다. 물론 수도원이 타락한 때도 있었지만, 전체 교회사를 통해 볼 때, 수도원주의는 서구 역사에 있어서 가장 강력하고 지속적인 반문화 운동countercultural movement이었다. 파편화된 사회에서 신실한 하나님의 백성으로 살아가기 위해서는 사막의 교부들과 교모들과 같이 예수님의 가르침과 그 행하심대로 살 수 있는 보다 단순한 삶의 방식이 필요하다. 그런 단순성과 침묵, 오랜 머무름과 기다림의 영성을 우리는 사막의 영성을 통해 줄곧 살펴볼 수 있었다. 물론 사막의 교부들과 교모들의 삶과 신앙이 완벽하다고는 볼 수는 없을 것이다. 교회사를 통해 우리는 각 시대와 상황에 다양하게 응답하며 그 영적 여정을 걸어갔던 이들을 만난다. 그들 모두 주어진 시대와 상황의 제약을 받았기에 그들의 신학과 영성은 모두 그만큼의 제약 내지는 한계를 갖고 있다. 그러나 과거를 돌아보며 그들이 어떻게 그 시대에 응답했는지 귀 기울여 보는 일은 그 시대 그들과 마찬가지로 현재라는 제약 속에 살아가는 우리들에게는 지혜를 얻는 귀한 길이 될 것이다.

"사막의 수도사들은 난파선에서 도망치듯 세상으로부터 떠났다. 이는 자신들만을 구하기 위해 한 행동은 아니었다. 그들은 자신들이 파선한 배 잔해에 허우적대고 있는 한, 다른 이에게 어떠한 도움도 줄 수 없음을 알고 있었다. 그들이 단단한 대지에 굳게 발을 디디고 있을 때 사정은 달라졌다. 대지에 발을 디디고 있는 그들은 힘을 얻게 되었을 뿐 아니라 온 세상을 안전한 곳으로 인도할 의무 또한 지게 되었다.… 이 은둔 수도사들을 이집트와 시리아 사막으로 이끌었던 것 같은 또 다른 운동이 필요하다고 한다면 누군가는 이를 지나치다고 말할지 모른다.⋯ 그러나 우리는 우리를 옭아매는 모든 영적 사슬을 끊어야 하며 우리에게 맞지 않는 것을 강요하는 통치에서 벗어나야 한다. 진정한 자신을 찾아야 한다. 빼앗을 수 없는 영적 자유를 성장시켜 이를 사용해 이 땅에 하나님 나라를 건설해야 한다. 이 모든 것을 철저하고도 단호하게 결단해야 한다.*249*

부록 1 * 이집트 사막의 영성의 주요 인물들

이집트 사막의 영성과 관련된 다양한 인물들은 그 이름들이 생소해서 입문자들이 책을 읽으면서 어려워 하는 경우들을 보게 된다. 이에 대표적인 인물들을 추려서 간략하게 그들의 삶을 소개 하고자 한다. 관심이 있는 주요 인물에 대해서는 부록2에 소개되 는 원자료들를 함께 본다면 도움이 될 것이다.

아타나시우스 c. 296-373

아타나시우는 4세기 이집트 교회사에서 가장 중요한 인물 중 하나이다. 그는 당시로서는 다섯 손가락에 꼽히는 대도시 알렉산 드리아의 감독으로 변방 사막과는 거리가 먼 인물처럼 보인다. 그 러나 아타나시우스는 알렉산드리아의 감독으로 단순히 그 도시 내에서만 활동하지 않고, 이집트와 리비아의 교회들을 두루 관할 하는 영향력을 행사했다. 이에 그의 감독 초기에 많은 여행을 다 녔고, 이같은 목회적 여정 가운데 그는 사막에서 막 태동한 수도 원 공동체들은 물론 독수도사들을 접할 수 있었다. 일찍이 이러한 이집트 수도사들과의 연계는 감독 직분의 정통성을 주장하는 멜

라티안파와의 갈등으로 다섯차례에 걸친 유배생활을 하는 가운데 그의 생명을 구하는 행운을 그에게 주기도 한다. 2차 유배에서는 자신의 결백을 주장하는 가운데 이집트의 많은 수도사들이 그를 지지하면서, 서방 기독교에 처음 이집트 수도원주의가 공식적으로 드러나게 된다. 아울러 3차 유배 기간 중에는 최초의 사막의 문학이라 할 수 있는 『안토니의 생애』*Vita Antoni*를 저술하였다.

안토니 c.254-356

이집트를 위한 영적 의사라는 별명을 갖고 있는 독수도사 anchorite안토니는 사막의 교부하면 가장 먼저 언급되는 인물이다. 물론 그 이전에도 마을 주변과 사막의 독수사들이 존재하고 있었지만, 그 삶과 사후 문헌 등을 통해 그의 영향력은 독보적이라 할 수 있다.

나일강 주변 한 마을의 유복한 가정에서 태어난 안토니는 20세가 채 안되는 나이에 부모를 여의고, 누이를 돌보는 처지가 된다. 큰 농장을 유산으로 받은 그는 어느 날 교회에서 예수께서 부자 청년에게 하신 말씀마19.21을 듣고 크게 감화를 받아 어린 누이를 위한 재산 일부만을 남겨둔 채로 가진 땅과 모든 재산을 팔아 가난한 이들에게 주고 마을 주변의 독수도사를 찾아감으로 수덕적 삶을 시작하게 된다. 이후 35세에 사막으로 물러나 수덕생활을 홀로 시작한 안토니에 대한 소문은 이미 주변에 널리 알려져 수많은 방문객들을 맞이하게 된다. 그 당시의 상황에 대해 아타나시우스는 "사막이 도시와 같았다"라고 묘사하고 있다. 이같은 상황에서 안토니는 더 깊은 침묵과 독거를 갈망하며 55세의 나이에 더 깊은 사막Inner Mountain투신하게 되고 생을 마칠 때까지 그곳에 머물렀다. 지금도 그 곳에는 성 안토니우스 수도원이 자리를 잡고 있다.

아타나시우스의 『안토니의 생애』를 보게 되면, 독수도사로서 그가 악한 생각"엄청난 먼지 구름과도 같은 상념들"이라고 표현된다과의 분투를 얼마나 처절하게 했던가를 볼 수 있다. 이에 영감을 받은 중세의 많은 화가들은 안토니의 유혹이라는 제목으로 악한 생각들과 씨름하는 안토니의 수덕적 삶의 모습을 시각적으로 재현하였다. 실제로 그 수제자 암모나스가 안토니의 사후에 남긴 추도문에는 다음과 같은 내용이 전해진다 "안토니는 종종 우리들에게 다음과 같이 말씀하시곤 했습니다. 그 누구도 시험이 없이 하나님 나라에 들어갈 수는 없습니다. 바람이 그치지 않는 나무일수록 그 뿌리는 더 깊고 견고하게 자라납니다."

파코미우스c.292-346

파코미우스는 최초의 수도원을 만든 공주 수도사cenobite이다. 그는 생전에 9개의 남자 수도원과 2개의 여자 수도원을 세웠다. 파코미우스는 그의 시대에 하나님의 세가지 큰 은혜가 아타나시우스, 안토니, 그리고 자신이 세운 수도원 공동체 −그는 이 공동체를 '코이노니아' Koinonia라고 불렀다 —를 통해 나타났다고 이야기 할만큼 공동체적 수덕생활을 강조했다.

　북이집트 지역의 부유한 이방인 부모 밑에서 태어난 파코미우스는 20세에 로마 군대로 징집되어 가던 중 감옥에 갇히게 되는데, 거기서 감옥에 갇힌 자들을 자발적으로 돕고 환대를 베푸는 그리스도인들을 처음 만나게 된다. 1년 후 징집에서 풀려난 뒤 파코미우스는 세례를 받고, 그를 도와주었던 그리스도인들처럼 3년간 마을 사람들을 도우며 생활하다가 수도사의 길로 나아가게 된다. 7년간 마을 수도사인 팔라몬 곁에서 독수도생활을 하던 가운데 공주 수도원에 대한 소명을 받은 파코미우스는 타벤네시 마을에 형존과 함께 수도원을 세우게 되고, 중세 수도원의 모델이 되는 규범집과 공동체적 삶의 양식을 형성한다.

　생전에 파코미우스와 조우할 기회가 없었던 안토니였지만, 먼저 세상을 떠난 파코미우스에 대한 추모사에서 안토니는 독수도 형태의 수덕생활만이 강조되던 이집트 사막에 파코미우스가 공주 수도원을 세움으로 "주를 위해 아름다운 일"을 이루었다고 칭송할만큼 파코미우스의 공주 수도원은 사막의 영성에 새로운 동력을 불어 넣었다. 1989년에는 파코미우스 수도원으로 여겨지는 고고학적 발굴이 이루어져 수도원 내의 다양한 공동생활의 흔적을 확인할 수 있게 되었다.

에바그리우스c.345-399

에바그리우스는 사막의 영성을 처음으로 신학적으로 체계화 하였다. 그의 남다른 신학적인 깊이는 젊은 시절 그가 카이사르의 바실과 나지안주스의 그레고리에게 영향을 받았기 때문으로 보여진다. 그는 폰티쿠스의 이보라 라는 지역에서 태어났고, 383년 이집트의 니트리아 사막으로 들어가 2년간, 켈리아에서 14년간 수덕생활을 하였다. 에바그리우스는 그의 사후에 '에바그리우스 형제회'와 교회 사이에 오리겐 논쟁으로 한때 이단으로 폄하되기도 했으나 이후 그의 신학적인 영향력은 교회사를 통해 재평가 받고 있다.

다른 사막의 교부나 교모들과 달리, 에바그리우스가 남긴 작품은 방대하다. 그의 신학적 삼부작으로 알려진『프락티코스』*Praktikos*,『그노스티코스』*Gnostikos*,『케팔라아아 그노스티카』*Kephalaia Gnostica*와 함께 에바그리우스 신학의 핵심이 잘 녹아 있는 『기도론』*De Oratione* 이 대표작이라 할 수 있다. 그의 체계화된 신학에 힘입어 수도사들을 유혹하는 악한 생각들logismoi이 여덟가지로 유형화 되었고, 이후 카시안, 그레고리 대제, 토마스 아퀴나스 등을 통해 오늘날 우리가 아는 형태의 일곱가지 죄악으로 발전 된다.

존 카시안c.360-435

존 카시안은 라틴어와 그리스어에 능통하여『필로칼리아』

*Philokalia*라는 동방정교회 영적 지도 문서 안에 수록된 유일한 서방 교회 전통의 신학자이다. 동서 수도원 운동의 가교 역할을 하여 서방에 이집트 수도원주의를 알리고, 서방 수도원주의의 틀을 만들었다.

　　카시안은 그의 친구 게르마누스와 함께 베들레헴의 수도사였는데, 거기서 한 순례자를 만나게 된다. 그는 이집트의 한 수도원장인 파누피우스였다. 파누피우스에게 감화를 받은 카시안은 에바그리우스, 마카리우스, 테오도르 등 많은 이집트 수도사들이 모여 있는 켈리아 지역에 자주 방문한 것으로 전해진다. 그는 415년 마실리아오늘날 프랑스 마르세유에 두 개의 수도원을 세우고, 거기서『제도집』*The Institutes*과『담화집』을 집필하였다. 카시안의 작품들은 동시대에 어거스틴의 유명세에 가려서 크게 빛을 보지는 못했지만, 당시 펠라기우스파인간의 노력만으로 충분하다와 어거스틴파원죄가 있는 인간 영혼의 구원에 하나님의 선행적 은혜가 필요하다사이의 논쟁378에서 카시안은 "인간 구원에는 하나님의 은혜가 절대적으로 필요하지만, 그 은혜를 수용하는 여부는 인간의 자유의지에 달렸다"는 중도적 입장을 그의 작품 속에서 드러냄으로 이후 베네딕트나 토마스 아퀴나스 등에 많은 영향을 주게 된다.

부록 2 * 사막의 영성 연구를 위한 주요 문헌들

　　처음 필자가 사막의 교부들에 관심을 갖기 시작하던 90년대 말에 비하면, 현재에는 사막 교부들에 대한 연구서들이 영문 서적은 물론이고 번역서와 국내 학자들이 연구한 책들까지 꾸준히 쏟아져 나오고 있는 상황이다. 행여 본 책을 읽고 사막의 영성에 대해 좀 더 깊이 있게 연구하고자 하는 분들을 위해 저자가 볼 때, 입문자들에게 읽기 쉽고, 유용한 책들을 선정해 원자료, 해외 연구서, 국내 연구서 순으로 간략히 소개하고자 한다.

원자료

『사막 교부들의 금언집』 *Apophthegmata Patrum*

　　『사막 교부들의 금언집』은 그리스, 라틴, 콥틱, 시리아 등의 각각의 언어권에서 구전으로 전승된 금언집이 전해 지고 있다. 그 가운데 오늘날 보편적으로 알려진 것이 그리스어로 전해지는 금언집인데 교부들/교모들의 그리스어 알파벳 이름의 순서대로 정리된 금언집과 주제별로 정리 된 금언집이 각각 전해지고 있다. 『사막 교부들의 금언집』은 수도사들과 외부 방문자들을 위한 교부와 교모들의 권면의 메시지가 주를 이루고 있기에 초기 영적 지도 spiritual direction의 교본이라고도 볼 수 있다. 보호받을 수 없는 사막의 혹독한 환경적 요인 때문에 사막의 수도사들은 대부분 남자들이었지만, 남자로 위장한 여자 수도사들도 간혹 있었던 것으로 전해지며,『금언집』안에는 3명테오도라, 사라, 신클레티카의 사막의 교모들amma도 소개되고 있다.

『안토니의 생애』 *Vita Antoni*

아타나시우스가 쓴 최초의 사막 문학이라 할 수 있는 이 책은 기독교 문학의 새로운 장르가 되어 하루 아침에 고전이 되어 버렸다. 어거스틴, 제롬, 마틴 루터, 칼 바르트 등 교회사의 굵직한 신학자들 사이에서 끊임없이 입에 오르내린 책이다. 나지안주스의 그레고리는『안토니의 생애』를 이야기 형식으로 쓴 수도원 규칙서라고까지 표현하고 있다. 금언집과 함께 독수도사들의 삶을 들여다 볼수 있는 대표적인 사막의 영성 입문서라 할 수 있다.

『파코미우스의 생애』

공주 수도사 파코미우스의 생애를 다룬 전기로 알려졌지만, 실제로는 파코미우스의 코이노니아 공동체가 그의 사후에도 그의 제자 테오도루스와 호르시에시우스 등을 통해 어떻게 발전 되없는가를 보여주는 공동체적 전기로 보는 것이 더 정확한 표현이라 할 수 있겠다. 파코미우스가 만든 수도원 규범은 바실의 수도원과 베네딕트 수도원의 규범집에 영향을 준 것으로 전해진다. 파코미우스의 생애는 콥틱판과 그리스판 등 다양한 자료들이 남아 있다. 그러나 어떤 자료이던간에 파코미우스의 사역에 대한 대략적인 밑그림을 그리는데 도움이 되며, 대체적으로 그 내용도 일치하고 있다.

『담화집』 The Conference

존 카시안의 『담화집』은 오랜 시간 그가 이집트 사막의 교부들과 수덕적 삶에 대해 대화한 내용을 정리한 책이라 할 수 있다. 개인적으로 목회자들에게 사막의 교부들의 문헌 중에 카시안의 책을 우선적으로 권하고 있는데, 그의 글에는 거부감이 있을 수 있는 이적 이야기나 과장된 내용들이 절제되어 있다. 그 스스로 "그 같은 경이적인 것들은 솔깃하기는 하지만, 완덕의 삶을 향한 지침으로는 아무 역할을 하지 못한다"고 보았기 때문이다. 대신 그는 이적 이야기 대신에 공동체적 규범과 지침, 수덕적 삶의 원리를 제시하는데 집중하고 있다. 카시안의 담화집은 훗날 베네딕트의 『규범집』에 많은 영향을 준 것으로 전해진다. 실제로 베네딕트는 수도원 규범집 42장에서 매일 마지막 기도Compline후 대침묵 가운데 카시안의 담화집을 읽을 것을 권하는 대목이 소개되고 있다.

에바그리우스의 『기도론』 *De Oratione*

다른 사막의 수도사들과 비교할 때, 에바그리우스가 남긴 문헌들은 방대하다. 그러나 그 가운데서도 개인적으로 한 권을 추천한다면 그의 기도론을 꼽고 싶다. 에바그리우스의 『기도론』은 기도를 잘하기 위한 기술적인 방법을 소개하는 책이 아니라, 하나님과의 연합의 자리에 이르기 위한 모든 사욕과 욕망을 내려놓고 내적 평정심apatheia을 가질 것에 대한 권고의 내용들이 더 많은 책이라 할 수 있다. 통성기도에 익숙한 우리들에게는 침묵 기도의 의미와 가치를 깨닫고 훈련할 수 있는 새로운 장을 열어주는 책이라 할 수 있다.

해외 연구서

사막의 교부들과 교모들에 대한 최근의 연구는 상당히 활발하고 방대하다. 그러나 많은 경우, 복잡한 역사적, 문헌적, 고고학적 논증과 사료들을 다루고 있기 때문에 입문자들에게는 어려움이 많다. 아래의 책들의 경우는 입문자들이 읽을 때에도 어렵지 않게 사막의 영성의 문턱을 넘을 수 있는 책들이다.

헨리 나우엔, 『마음의 길』 두란노, 2015

나우엔의 이 책은 사막의 교부들의 지혜를 통해 내면성과 수덕적 삶과 기도를 강조한 책이다. 책의 구조 자체가 사막의 교부 아르세니우스가 소명 받은 "사람들로부터 물러나라, 침묵하라, 머물러 기도하라"는 금언의 내용을 기초로 고독, 침묵, 기도의 세개의 주제로 구성되어 있다. 나우엔의 특유의 깊은 영적 감수성이 담긴 담백한 책으로 특별히 사역자들에게 유익한 목회지침서이다.

루시앵 레뇨, 『사막 교부 이렇게 살았다』 분도출판사, 2006

사막의 교부들에 대한 역사적 연구서는 많지만, 실제 그들이 사막으로 물러나 매일 어떻게 생활 했는지, 그 수덕적 삶이란 실제로 어떠했는지에 대해 소개한 연구서는 많지 않다. 프랑스 솔렘 수도원의 수도승인 루시앵 레뇨의 이 책은 그런 궁금증을 해소해 주는 연구서로 수실, 의복, 음식규정, 독수도사의 하루 등에 대한 내용이 상세히 소개되고 있다. 실제로 저자는 2년간 이집트에 머물면서 이집트 수도사들을 인터뷰 하는 가운데 본 책을 쓴 것으로 전해진다.

로완 윌리암스, 『사막의 지혜』 비야, 2019

다양한 분야의 책을 쓰고 있는 성공회 사제이자 전 켄터베리 대주교인 로완 윌리암스의 사막의 영성 입문서. 그의 책은 일반적인 입문서와는 다르게 사막의 수도사들과 이웃의 관계에 많은 관심을 할애하며, 사막의 영성이 결코 이웃과 사회와의 관계를 외면하지 않았음을 설득력 있게 설명하고 있다.

허성석 역, 『수도 영성의 기원』 분도, 2015

프랑스 시토 수도원의 뤽 브레사르의 강의록인 수도원 영성을 새롭게 엮어 개정한 책으로 주요 인물과 그들의 작품을 중심으로 내용이 구성되어 있다. 연구 범위가 사막의 교부들에 국한되지 않고, 그 제목에서 말하는 것처럼 수도원 영성의 뿌리가 되는 바실, 위 마카리우스, 아우구스티누스어거스틴, 요한 클리마쿠스 등까지 폭넓게 다루고 있다. 사막의 영성의 주요 인물과 그 작품들을 중심으로 다른 국내, 국외 연구서들과 비교할 때 그 깊이가 돋보이는 책이다.

John Chryssavgis, *In the Heart of the Desert*Bloomington, World Wisdom, 2003

아직 한국어로 번역되지는 않았지만, 사막의 영성의 입문자들에게 추천해야 할 영문 서적을 몇 권 소개하자면, 먼저 동방 정교회 사제 존 크리사브기스의 이 책을 읽어보라고 권하고 싶다. 오늘날 이집트 사막 수도사들의 흔적을 볼 수 있는 여러 사진들과 함께 다양한 주제별로 핵심적인 내용들만 간략하게 소개하는 본 책은 사막의 영성에 대한 신선하면서도 핵심을 꿰뚫는 입문서라 할 수 있다.

William Harmless, *Desert Christians*: *An Introduction to* *the Literature of Early Monasticism*Oxford and New York: Oxford University Press, 1995

소개한 책들 가운데 가장 전문적이고 깊이 있는 사막의 수도사들과 초기 수도원주의에 대한 연구서이다. 그만큼 자료의 양도 방대한 이 책은 이 분야의 연구서들 가운데도 손에 꼽히는 수작이라 할 수 있다. 그럼에도 입문자들에게 본 책을 추천하는 것은 사막의 교부들의 삶과 신학, 사회적 세계, 주요 작품들 등이 다양한 자료들을 기초로 깊이 있게 논증되고 있기 때문이다.

국내 연구서

최근 들어 국내 연구서 가운데에도 사막 교부들의 연구서가 하나 둘 소개되고 있는데, 개신교 쪽에서는 파코미우스와 바실의 수도원 공동체를 중점적으로 비교 연구한 남성현의『기독교 초기 수도원 운동사』앰 애드, 2006와 사막 교부들에 대한 입문서라 할 수 있는 유재경의『사막 교부 영성 톺아보기』CLC,2017가 입문용으로 추천할만하다.

그 외 필자가 쓴『iChurch 시대의 일곱가지 치명적 죄악』대장간, 2012은 죄악된 생각과의 분투에 매진했던 사막의 교부들의 삶을 모티브 하여 현대 소비주의 사회에서 이 일곱가지 치명적 죄악이 어떤 방식으로 심화되어 나타나고 있는지를 밝히며, 또 이를 극복하기 위한 수덕적 삶을 제안하고 있다.

부록 3 ＊ 성찰의 기도

오늘날 우리의 기도는 내 편의 요구를 하나님께 일방적으로 알리는데에는 익숙한 반면, 듣는 기도에는 서툰 것이 현실이다. "과연 하나님은 나에게 말씀하시는가?" 이 질문에 대한 신학적인 답이 "예"라면, 영적 삶에서 우리가 훈련해야 할 기도는 바로 성찰의 기도라 할 수 있다.

성찰의 기도는 침묵 가운데 이미 나의 삶 가운데 살아 역사하시고, 말씀하시는 하나님의 임재를 확인하는 매일의 기도의 훈련으로 16세기부터 로욜라의 이냐시오에 의해 시작되었다. 아래의 내용들을 지침 삼아서 매일 지난 24시간의 나의 삶, 생각, 태도, 언행 등을 돌아보며 15-20분간 침묵 가운데 성찰의 기도를 드려보자.

＊　　＊　　＊

외부의 방해가 없는 조용한 시간과 장소 가운데 전날부터 현재 시간까지의 당신의 활동들을 돌아보는 시간을 가지시기 바랍니다.

감사 Gratitude 먼저 지난 24시간의 시간 가운데 있었던 일들, 경험, 생각들, 만남들, 대화들을 기억하면서 그 가운데 나에게 주어진 좋은 선물이 무엇이었는지 기억하며 하나님께 감사 기도를 드리시기 바랍니다.

하나님의 임재를 깨닫기 Awareness of God's presence 여호와께서 여기 계신 줄 알지 못했다고 고백하는 야곱의 기도처럼, 지난 24시간의 내 삶의 자리 가운데 함께 하셨던 하나님의 흔적을 찾아보시기 바랍니다. 홀로 있던 나, 누군가와 말하고 있던 나, 분주하게 활동하던 나의 모습 등을 생각해 보며, 그 순간에는 놓쳤던 거기 계셨던 하나님을 깨닫는 시간을 갖기 바랍니다.

죄의 자백 Confession 지난 24시간 가운데 하나님의 나라와 그의 의를 추구하지 않았던 내 모습들, 언행들, 생각들, 느낌들을 돌아보시기 바랍니다. 사랑이 아니었던 행위들, 의식적으로 무시하고 지나쳤던 모습들, 과장되고 거짓된 말들, 깨뜨린 약속들, 그 외에 욕망으로 가득 찼던 크고 작은 죄악들을 돌아보며, 그 실체를 명확히 파악하시기 바랍니다. 구체적인 죄악된 마음과 생각과 행실을 하나님 앞에 고백하며 죄사함 받는 시간을 갖으시기 바랍니다.

성찰의 기도 가운데 집중하지 못하고 마음이 분산될 때에는 성경 말씀이나 간단히 "주님 도와주세요"와 같은 짧은 기도를 통해 다시 마음을 집중하여 침묵으로 들어가도록 하시기 바랍니다. 혹은 동방정교회에서 드리는 예수 기도 역시 침묵 기도 가운데 분산된 마음을 되돌리는데 유용한 기도입니다. 그것은 예수님께서 주목하시며 이렇게 기도하라고 가르치셨던 세리의 기도눅18:9-14에서 유래된 기도입니다. "주 예수 그리스도 하나님의 아들이시여, 저를 불쌍히 여기소서. 저는 죄인입니다."

침묵 기도의 가장 큰 적은 분산된 마음 때문에 발생하는 포기하고픈 마음, 의심, 활동성의 욕구와 뛰쳐 나가고 싶은 마음입니다. 그러나 사막의 교부들도 거듭 이야기 하는 것처럼 침묵 가운데 그런 분산된 마음이 생기는 것은 인간 모두에게 찾아오는 것입니다. 심지어 예수님도 광야에서 마귀의 유혹을 받으셨는데 그 또한 분산된 마음이라고 볼 수 있습니다. 그러나 주님은 당신의 기도가 깨진 것에 대해 결코 낙심하거나 자책하지 않으셨고, 뛰쳐 나가지도 않으셨습니다. 오히려 그것이 당신의 기도의 일부가 되고, 사역의 일부가 되어, 그같은 유혹들에 대조되는 삶으로 더 견고히 나아가셨습니다. 그런 주님의 모습을 기억하며, 10-20분의 침묵의 기도 안에 정기적으로 꾸준히 머물 수 있기를 바랍니다.

후 주

1. Andrew Purves, *Pastoral Theology in the Classical Tradition* (Westminster John Knox Press, 2001), 13에서 재인용.

2. James Goehring, *Asceticism, Society and the Desert: Studies in Early Egyptian Monasticism* (Philadelphia: Trinity Press International, 1999), 13. Goehring은 4세기 이집트에서 모든 것이 갑작스럽게 발생했다는 식의 과거의 연구에 대해 "수도원주의의 빅뱅이론"이라고 최초로 표현한 바 있다.

3. Athanasius, *The Life of Anthony and the Letter to Marcellinus* (Paulist Press, 1979). 아타나시우스, 성 안토니의 생애, 엄성옥 역 (은성, 1995).

4. 아타나시우스, 59.

5. 그 외에도 사막 교부들의 금언집, 파코미우스의 생애 등과 같은 문헌에서도 이같은 마을 주변의 수도자들의 모습이 발견되고 있다.

6. 아타나시우스, 59.

7. William Harmless, *Desert Christians: An Introduction to the Literature of Early Monasticism* (New York: Oxford Press, 2004), 419.

8. 파코미우스의 생애, 엄성옥 역 (서울: 은성 출판사, 2010), 27-40.

9. 파코미우스의 생애, 27.

10. *Harmless*, 420.

11. 버나드 맥긴, 서방 기독교 신비주의의 역사1, 엄성옥 역 (서울: 은성 출판사, 2015), 213.

12. Roger S. Bangnall and Dominic W. Rathbone, Egypt: From Alexander to the Early Christians (LA: The J. Paul Getty Museum, 2004), 35-6.

13. Darlene L. Brooks Hedstrom, The Monastic Landscape of Late Antique Egypt: An Archaeological Reconstruction (New York: Cambridge University Press, 2017), 79-81.

14. John H. Elliott, A Home for the Homeless: A Social-Scientific Criticism of 1Peter, Its Situation and Strategy (Minneapolis: Fortress Press, 1990), 48.

베드로전서의 상징세계를 연구한 Elliott은 이 서신이 소아시아 지역의 그리스도인 거주민들에게 보내진 것으로 보고, 그리스도인이 된 이후 사회적 차별을 받고 있던 그들에 대한 정체성이 "나그네"로 규정된다고 보았다. 엘리옷은 파로이코이라는 용어가 지리적인 이동을 넘어, 그러한 이동을 가져오게 만든 정치적, 법적, 사회적, 종교적 핍박과 불이익을 반영한다고 설명한다.

15. Gerald L. Sittser, Water from a Deep Well: Christian Spirituality from Early Martyrs to Modern Missionaries (Downers Grove, IL: IVP, 2007), 27-28.

16. 오늘날 이같은 기독교 현실주의와 극명하게 대조를 이루는 비현실적이고 망상적인 번영신학이 현대인들의 삶을 지배하고 제자도를 왜곡시키고 있다. 긍정의 신학은 유일한 길 (the way) 로서 타협할 수 없는 현실과 그로 인한 박해와 고난의 불가피성을 말하지 않고, 모든 것은 마음 먹기에 달렸다고 부추긴다. 그것은 다름 아닌 세상 (성공, 부) 과의 타협과 그로 인한 안락으로 나아가는 하나의 길(a way)이 복음이다는 식의 논리이다. 당신도 예수로 말미암아 (세상 사람들과 같이) 부자가 될 수 있다는 그들 식의 복음 논리 속에는 최소한의 불편도 감수하지 않겠다는 반제자도가 부각될 뿐이다.

17. Didache, 1.2-3.

18. Edward Eugene Malone, The Monk and The Martyr (Whitefish, MT: Literary Licensing, LLC), 1.

19. Malone, 3에서 재인용.

20. 클레멘트가 순교적 삶에 대한 신학적 이론을 체계화한 내용은 그의 다양한 글이 수록되어 있는 Stromata에 실려 있는데 Malone은 그의 책 8-14pp에서 이를 상세히 소개하고 있다.

21. Clement of Alexandria, Stromata 4 in Malone, 9 에서 재인용.

22. Clement of Alexandria, Stromata 2, 19 in Malone, 10 에서 재인용

23. Andrew Louth, The Wilderness of God (Nashville: Abingdon Press, 1991), 41-2.

24. Karl Barth, Church Dogmatics 4/2, ed. G.W. Bromiley and T.F. Torrance, trans G.W.Bromiley (Edinburgh: T&T Clark, 1958), 13.

25. Joshua Hickok, "Desert" in Dictionary of Christian Spirituality (Grand

Rapids: Zondervan, 2011), 395.

26. Dietrich Bonhoeffer, The Cost of Discipleship (New York: Touchstone, 1995), 45, 47.

27. Bonhoeffer, 188.

28. John Chryssavgis, In the Heart of the Desert: The Spirituality of the Desert Fathers and Mothers (Indiana: World Wisdom, 2008), 36.

29. The Sayings of the Desert Fathers (The Alphabetical Order), translated by Benedicta Ward (Kalamazoo: Cistercian Publications, 1975), Arsenius 1, 2. 본서에 인용되는 사막 교부들의 금언집은 Ward가 번역한 알파벳 순으로 정리된 금언집을 번역하여 사용하려고 했다. 한국어로 번역된 사막 교부들의 금언, 최대형 역 (서울: 은성 출판사, 2017) 은 너무도 소중한 자료이고 번역은 물론 해설도 있어 유용하다. 본 서에서도 필요에 따라 번역문을 이용한 경우도 있음을 밝힌다. 그러나 평소 항상 자신을 낮추는 교부들과 교모들이라고 할 때, 그들의 말을 상대를 높이는 경어체로 쓰는 것이 더 사실적일 것 같아 번역문을 참고하는 경우라도 경어체로 변형 했음을 밝히는 바이다.

30. Gerald A. Arbuckle, Loneliness: Insight for Healing in a Fragmented World (Marynoll: Orbis Press, 2018), xv.

31. Henri J. M. Nouwen, Reaching Out (New York: An Image Book, 1986), 36.

32. 헨리 나우엔이 사막의 교부들을 모델로 하여 쓴 목회지침서인 The Way of the Heart는 아르세니우스가 부르심을 받는 이 이야기를 모티브로 하여 고독 (떠나거라), 침묵 (잠잠하거라), 기도 (내적으로 고요하라) 의 세 주제로 구성 되어 있다.

33. The Sayings of the Desert Fathers, Doulas 3

34. The Sayings of the Desert Fathers, Nilus 8.

35. Augustine, Confession (New York: Oxford University Press, 2009), 1.1.

36. The Sayings of the Desert Fathers, Nilus 4.

37. The Sayings of the Desert Fathers, Antony 9.

38. 수도사들은 이웃사랑에 소홀한 은둔자이라는 단순한 비판은 수도원주의의 주류를 말해주고 있지 않다. 대다수의 수도원은 지역 경제와 공동

체와의 긴밀한 연관성을 갖고 성장해 왔다. 이와 관련된 논의는 Bernard McGinn의 다음의 글을 보라. "Withdrawal and Return: Reflections on Monastic Retreat from the World," in Spiritus 6 (2006), 151.

39. 피터 브라운, 고대 후기 로마 제국의 가난과 리더십, 서원모 역 (서울: 태학사, 2012), 33-36.

40. Palladius, The Lausiac History, 엄성옥 역. 팔라디우스의 초대 사막 수도사들의 이야기 (서울: 은성 출판사, 2009), 68.1-3.

41. Palladius, 18.29.

42. McGinn, 149.

43. The Sayings of the Desert Fathers, Andrew 1.

44. 이 유배라는 용어는 후기 기독교 왕국의 시대를 살아가는 현대 교회의 위기를 다룬 Machael Frost의 Exiles: Living Missionally in a Post-Christian Culture의 중심 테마이기도 하며, 그가 같은 책에서 인용한 구약학자 월터 브루거만의 중심 논거이기도 하다. 브루거만은 바벨론으로 유수된 유대인이 경험했던 것과 현대 기독교인들이 경험하고 있는 혼란과 불확실성 그리고 불연관성 간에 많은 유사성이 있음을 강조한다.

45. Stelios Ramfos, Like a Pelican in the Wilderness: Reflections on the Sayings of the Desert Fathers (Brookline, MA: Holy Cross Orthodox Press, 2000), 16.

46. The Sayings of the Desert Fathers, Evagrius 2.

47. The Sayings of the Desert Fathers, John the Dwarf 30.

48. The Sayings of the Desert Fathers, James 1.

49. Joan Chittister, In God's Holy Light: Wisdom from the Desert Monastics (Cincinnati: Franciscan Media, 2015), 11 에서 재인용

50. David G.R. Keller, Oasis of Wisdom: The Worlds of the Desert Fathers and Mothers (Collegeville, MN: Liturgical Press, 2005), 50.

51. The Sayings of the Desert Fathers, Pambo 6.

52. 뤼시앵 레뇨, 사막 교부 이렇게 살았다, 허성석 역 (왜관: 분도 출판사, 2006), 98.

53. 존 카시안, 제도집, 엄성옥 역 (서울: 은성 출판사, 2018), 23-24.

54. 카시안, 26.

55. The Sayings of the Desert Fathers, John the Dwarf 3.

56. More Sayings of the Desert Fathers, G20. John Wortley, An Introduction to the Desert Fathers(Cambridge and New York: Cambridge University Press, 2019), 87에서 재인용.

57. The Sayings of the Desert Fathers, Macarius the great 3.

58. Cassian 4.

59. Megethius 2.

60. Palladius, 47.14.

61. The Sayings of the Desert Fathers, Euprepius 4.

62. Euprepius 2, 3.

63. The Sayings of the Desert Fathers, Helladius 1.

64. 본래 이 말은 교회사를 통해 탁발 공동체를 대표하는 아씨시의 프란시스코와 그의 작은 형제단에 대한 전기를 쓴 셀라노의 토마스가 그들이 보여준 삶의 단순성에 대해 극찬하며 표현했던 말이다.

65. The Sayings of the Desert Fathers, Macarius the Great 12.

66. The Sayings of the Desert Fathers, Cassian 7.

67. John Chryssavgis, In the Heart of the Desert: The Spirituality of the Desert Fathers and Mothers, (Bloomington: World Wisdom, 2008), 69. 영어로 detachment로 번역되는 아포타게에 대한 우리말 번역은 쉽지 않다. 무관심, 무심함, 초연으로 번역하기에는 세상과 타인에 대해 지나치게 부정적으로 오해되기 쉽고, 분리나 도망으로 번역하는 경우는 내면성이 아닌 외적인 활동성에 대한 묘사로 비춰질 수 있기에 본 서에서는 원어의 음역을 그대로 사용하였다.

68. The Sayings of the Desert Fathers, Syncletica 19.

69. Chryssavgis, 69.

70. Ibid., 70

71. The Sayings of the Desert Fathers, Antoni 25.

72. 토마스 머튼, 토마스 머튼의 단상, 김해경 역 (서울: 성바오로딸, 2013), 55.

73. 필로칼리아1 (서울: 은성 출판사, 2001), 에바그리우스 40.

74. The Sayings of the Desert Fathers, Macarius the Great 16.

75. Antoni, 11.

76. 사막 교부들의 금언, 아가톤 1.

77. The Sayings of the Desert Fathers, Epiphanius 12.

78. 사막 교부들의 금언, 포에멘 150.

79. 필로칼리아 1, 엄성옥 역 (서울: 은성 출판사, 2001), 에바그리우스 40.

80. 에바그리우스, 42.

81. 에바그리우스, 42-3.

82. 막스 피카르트, 침묵의 세계, 최승자 역 (서울: 까치, 2010), 20

83. 사막 교부들의 금언, 시소에스 42.

84. 목회신학과 관련된 삼대 고전으로 알려진 그레고리 나지안주스의 In Defense of His Flight to Pontus, 존 크리소스톰의 On the Priesthood, 그레고리 대제의 Pastoral Rule 이 있는데, 목회의 본질과 목회자의 자질 및 역할을 깊이 있게 다루고 있는 이 책들은 각기 다른 시기에 쓰여진 책들이지만, 그 저자들은 한결같이 수덕적 삶에 대한 동경 속에서 가급적 목회자가 되기를 만류하는 공통점을 갖고 있다. 사막의 교부들로부터 시작된 수도원적 삶이 4-6세기의 기독교 세계에 얼마나 많은 영향을 끼치고 있었는가를 간접적으로 보여주는 예라 하겠다. Andrew Purves, Pastoral Theology in Classical Tradition (Louisville: Westminster John Knox Press, 2001), 13에서 재인용.

85. Robert Cardinal Sarah, Power of Silence (San Francisco: Ignatius Press, 2017), 29-30.

86. 피카르트, 23.

87. 피카르트, 31.

88. 사막 교부들의 금언, 테오필루스 2.

89. 안토니 27.

90. 피카르트, 29.

91. 사막 교부들의 금언, 루푸스 1.

92. The Sayings of the Desert Fathers, Nilus 1.

93. 에바그리우스는 이같은 헤시키아를 이루는 기도를 위한 선행 조건으로

수덕적 실천 praktike 을 강조한다. 헤시키아를 이루는 온전한 하나님과의 연합된 단계에 이르기 위해, 수도사들은 praktikos 를 선행적으로 수행해야 하며, 이후 관상적 기도를 통해 하나님을 더 깊이 알아가는 gnostikos의 단계로 나아가는 것이다. 헤시키아에 대한 사막의 교부들의 관점은 에바그리우스의 기도론 (De Oratione)에 전반적으로 잘 묘사되고 있다.

94. 사막 교부들의 금언, 닐루스 5.

95. The Book of the Elders: Saying of the Desert Fathers (The Systematic Collection), translated by John Wortley (Collegeville: Liturgical Press, 2012), 2.23. 사막 교부들의 금언집 (주제별), 남성현 역 (서울: 두란노 아카데미, 2011), 2.23. 사막 교부들의 금언집은 크게 교부들의 알파벳 순서로 된 금언집과 스물 한가지 주제별로 나누어진 금언집이 전해지는데 Wortley가 번역한 것은 주제별 금언집이다. 본 서에서는 일부 주제별 금언집에만 소개되고 있는 내용들을 제외하고는 모두 알파벳 순서로 된 금언집을 사용하였다.

96. The Sayings of the Desert Fathers, Nilus 6.

97. Kallitos Ware, Inner Kingdom (Crestwood, NY: St. Vladimirs Seminary Press, 2000), 93.

98. Ware, 94 에서 재인용.

99. Euiwan Cho, "Resisting restless Protestant religious consumers in the Korean burnout society: Examining Korean Protestantism's rising interest in apophatic

and desert spirituality," Journal of Spiritual Formation and Soul Care (May 2020), 1-17

100. The Saying of the Desert Fathers, Antony 10.

101. Zygmunt Bauman, Liquid Fear (Malden, M.A.: Polity Press, 2006), 함규진 역, 유동하는 공포 (서울: 산책자, 2009), 11.

102. 초반에 다루는 유동적 공포와 사사화된 공포에 대한 세부적의 논의는 다음의 저자의 소논문을 보라. 조의완, "유동하는 공포의 사사화를 극복하는 대안적 목회 영성으로의 사막의 영성과 정주의 훈련," 복음과 실천신학 제 52권 (2019), 172-177.

103. Ibid., 174.

104. Ted Olson, "Editor's Note," Christianity Today 61, no.1 (Jan/Feb 2017), 7에서 재인용.

105. 사막 교부들의 금언, 안토니 29.

106. 한국 개신교에 대한 이같은 설명은 각종 통계 조사를 통해 유사하게 발견된다. 대표적인 예로 2017년 1월 20-21일에 기독교윤리실천운동에서 실시한 한국교회 사회적 신뢰도 여론 조사에서는 2008년 이후 매 5년간 실행한 이래 한국 개신교에 대한 신뢰도가 가장 낮았다. 흥미로운 사실은 한국 개신교가 사회적 활동 (봉사, 구제)는 가장 열심히 하는 집단으로 인식되고 있음에도 불구하고, 주요 종교들 안에서 사회적 신뢰도는 제일 낮다는 점이다.

107. 사막 교부들의 금언, 테오도라 7.

108. Anselm's Letter 37. Michael Casey, Unexciting Life (St. Bede's Press, 2005), 245-246에서 재인용.

109. The Saying of the Desert Fathers, Moses 6.

110. The Saying of the Desert Fathers, Isidore of Pelusia 2.

111. 뤼시앵 레뇨, 사막의 교부 이렇게 살았다 (분노 출판사, 2006), 139.

112. Henri Lefebvre, The Production of Space (Oxford: Blackwell, 1991), 82-83.

113. The Saying of the Desert Fathers, Poemen 96; Syncletica 19.

114. The Saying of the Desert Fathers, Poemen 106.

115. Darlene L. Brooks Hedstrom, "The Geography of the Monastic Cell in Early Egyptian Monastic Literature," Church History 78:4 (December 2009), 759.

116. 수실에서의 사막 교부들의 악한 생각들과의 분투와 급진적 정직에 대한 논의는 xx 장에서 별도로 다루어진다. 아울러 이들 악한 생각들을 체계화한 일곱가지 치명적 죄악에 대한 연구는 본 저자의 iChurch시대의 일곱가지 치명적 죄악을 보라.

117. William Harmless, Desert Christians: An Introduction to the Literature of Early Monasticism (Oxford University Press, 2004), 228.

118. Acedia 를 흔히 우리말로는 흔히 나태로 번역되는 이 단어의 본래적 의미에 대해서는 본 저자의 iChurch 시대의 일곱가지 치명적 죄악, 101 을

보라.

119. 정오의 악마의 유혹에 대한 상세한 묘사는 에바그리우스의 Praktikos (Kalamazoo, Mi:Cistercian Publications, 1981), 18-19에 묘사되어 있다.

120. The Saying of the Desert Fathers, Syncletica 6.

121. 존 카시안, 담화집, 194-195.

122. Rule of St. Benedict (Collegeville: The Liturgical Press, 1982), chapter 1.

123. 에바그리우스, 프락티코스 28.

124. The Saying of the Desert Fathers, Poemen 13.

125. The Saying of the Desert Fathers, John Dwarf 12.

126. Michael Casey, An Unexcited Life, 16 에서 재인용.

127. The Saying of the Desert Fathers, Antony 10.

128. The Saying of the Desert Fathers, Rufus 1.

129. 사막 교부들의 금언, 파프누티우스 7

130. The Saying of the Desert Fathers, Heraclides 1.

131. 사막 교부들의 금언, 에나톤의 테오도르 2.

132. Les Apophtegmes des Peres: Collection Systematique (Paris: Cerf, 1993), Anonyme 207 in Jean-Charles Nault, Noonday Devil (San Francisco: Ignatius Press, 2015), 22 에서 재인용.

133. 정주를 농부로 비유한 모티브는 베네딕트회 신학자 Michael Casey가 쓴 Stranger to the City (Paraclete Press, 2013), 193에서 가져왔다.

134. John F. Alexander, Being Church (Wipf and Stock, 2012), 10.

135. 필로칼리아 1 (서울: 은성출판사, 2001), 독수도자 이사야 20.

136. 삶의 규칙에 대한 이같은 설명은 신수도원 공동체인 영국의 Northumbria Community의 웹페이지를 통해 상세히 볼 수 있다. https://www.northumbriacommunity.org/articles/understanding-desert-monasticism/

137. 필로칼리아 1, 독수도사 이사야, 23.

138. 크리스토퍼 스미스, 슬로처치 (서울: 새물결, 2015), 66-7.

139. 백소영, "세월절 지키기." 김민웅 외, 헤아려본 세월 (포이에마, 2015), 60.

140. Augustine of Hippo, Soliloquies: Augustine's Inner Dialogue (New City Press, 2000),

2.1.1.

141. 사막 교부들의 금언, 포에멘 28.

142. Columba Stewart, "Radical Honesty about the Self: The Practice of the Desert Fathers," Sobornost 12 (1990), 25.

143. 사막의 금언집이 당대의 다른 신학적 문헌들과 구별되는 점이 있다면,

144. 사막 교부들의 금언, 포에멘 101.

145. Athanasius, Against the Gentiles, 19-20. 서구 기독교에서는 보편화된 관상(contemplation)이라는 용어에 대해 한국 개신교는 유독 편견과 거부감이 많다. 관상의 의미은 한마디로 "실재에 대한 오랜 응시"라고 설명할 수 있다. 그것은 외부적 자극과 활동성에 길들여진 오감을 중단하고 하나님께 대한 사랑의 깊은 응시라고 설명할 수 있다. 관상을 통해 궁극적으로 인간은 스스로 하나님을 찾아내는 것이 아니라, 이미 우리와 함께 계신 임마누엘의 주님께 붙잡히도록 스스로를 허용하는 것이다. 이같은 의미들을 감안하여 본 책에서는 관상을 깊은 묵상 혹은 오랜 묵상으로도 표현하였다.

146. 아타나시우스의 이같은 마귀론과 인간론에대한 연구는 Lois M. Farag, Balance of the Heart: Desert Spirituality for Twenty-First-Century Christians (Cascade Books, 2012)에서 많은 영감을 받았다. 특히 2장에서 Farag는 사막 교부들의 신학에 큰 영향을 준 아타나시우스의 두 책 Against the Gentiles 와 On the Incarnation 을 중점적으로 다룬다.

147. 사막의 교부 아르세니우스는 형제들에게 철마다 과일이 나올 때마다 꼭 과일을 가져다 달라고 했고, 매번 한입 씩 베어 먹고 하나님께 감사를 드렸다고 전해진다. 하나님의 창조물을 음미하며, 누리는 이같은 모습은 사막의 교부들과 교모들을 통해 두루 발견된다. 수덕주의에 대한 색안경을 쓰고 사막의 영성을 보게 되면, 반물질적 영지주의자들과 그들을 동일시 하기 쉽다. 사막 교부들의 금언, 아르세니우스 19

148. 아타나시우스 혹은 Farag. 인간의 타락에 대한 아타나시우스의 묘사에서 결과적으로 중요한 것은 인간의 선택이다. 하나님을 생각할 것인가, 아니면 감각적인 물질에 대한 즉각적 욕망을 생각할 것인가이다. 인간

의 선택이 영적 삶의 중요한 변수로 작용한다는 점에서 사막의 영성은 소비주의자로서 끊임없이 욕망의 선택을 부추김 받는 현대 소비주의 시대에 더욱 시사하는 바가 크다고 하겠다. 이와 관련된 신학적 고민 가운데 저자가 쓴 책이 iChurch시대의 일곱가지 치명적 죄악(대장간, 2012) 이었다.

149. 임종을 앞둔 안토니는 그를 따르는 이들이 당시의 관례대로 죽은 시신을 기리고 숭배하는 관습을 경계하며, 자신의 시신을 땅에 묻고, 그 묻힌 자리를 그 제자들 외에 다른 사람들이 알지 못하게 하라고 유언을 남긴 바 있다. 안토니의 생애 91.

150. Athanasius, On the Incarnation, 11, 12.

151. 사막의 교부 시소에스는 아리우스파의 일원이 이단적 신학으로 그를 공격하자, 그 제자 아브라함을 시켜 아타나시우스의 책을 가져오게 하여 읽게 해 주었다고 기록되어 있다. 이는 사막의 교부들이 평소 아타나시우스의 신학에 영향을 받고 있었음을 잘 드러내 주는 대목이다. 사막 교부들의 금언, 시소에스 25.

152. iChurch시대의 일곱가지 치명적 죄악, 15-16.

153. Farag, 119.

154. Evagrius, Praktikos & Chapters on Prayer (Cistercian Publication, 1972), 29-30.

155. 사막 교부들의 금언, 포에멘 28.

156. 사막 교부들의 금언, 안토니 5; 에바그리우스 5; 난쟁이 요한 13.

157. Columba Stewart, 26.

158. 사막 교부들의 금언, 파프누티우스 3.

159. 사막 교부들의 금언, 포에멘 58.

160. 사막 교부들의 금언, 안토니 37, 38.

161. 존 카시안, 제도집 (은성, 2018), 4.9.1.

162. 사막 교부들의 금언, 대 마카리우스 3.

163. 사막 교부들의 금언, 포에멘 2

164. 포에멘 125.

165. 포에멘 98.

166. 포에멘 153.

167. 포에멘 95.

168. 토마스 머튼, 인간은 섬이 아니다 (성바오로 출판사, 2011), 7.

169. Thomas a Kempis, Imitation to Christ, 3.4.

170. John Calvin, Institutes of the Christian Religion 1 (Westminster, 1960), 35-36.

171. Henri Nouwen, Reaching Out:The Three Movements of the Spiritual Life (Image, 1986), 29.

172. Kallitos Ware, The Inner Kingdom (St Vladimirs Seminary Press, 2000), 180.

173. Henri Nouwen, The Return of the Prodigal Son (Image, 1994).

174. 사막 교부들의 금언, 니스테루스 5.

175. 사막 교부들의 금언, 포에멘 199, 200.

176. Richard Peace, Meditative Prayer (Colorado Spring: NavPress, 1998), 55. 개신교 신학자인 리차드 피스는 이 책에서 이냐시오의 성찰의 기도를 개신교적으로 개선한 훈련법을 소개하고 있다. 본 저자의 성찰의 기도는 피스의 가이드를 따른 것이다.

177. Meditative Prayer, 58.

178. 필로칼리아 1, 금욕고행자 마크 89.

179. Evagrius Ponticus, Praktikos & On Prayer (Cistercian Publications, 1972), 전경미, 이재길 번역, 에바그리우스의 기도와 묵상 (서울: 한국 고등신학 연구원, 2011), 기도 69.

180. The Book of the Elders: Sayings of the Desert Fathers (The systematic collection), translated by John Wortley (Collegeville: Liturgical Press, 2012), 7.46.

181. 이같은 조사는 2020년 봄에 출판된 저자의 영문 소논문을 통해 이루어 졌다. 자세한 내용은 저자의 다음 논문을 보라. Euiwan Cho, "Resisting Restless Protestant Religious Consumers in the Korean Burnout Society: Examining Korean Protestantism's Rising Interest in Apophatic and Desert Spirituality." Journal of Spiritual Formation and Soul Care. Volume 13, Number 1 (May 2020), 30.

182. Ibid., 31.

183. William S. J. Harmless, Desert Christians: An Introduction to the Literature of Early Monasticism (New York: Oxford University Press, 2004), 346.

184. Ibid., 347.

185. Evagrius Ponticus, Praktikos 81.

186. John Chryssavgis, In the Heart of the Desert: The Spirituality of the Desert Fathers and Mothers (Bloomington: World Wisdom, 2008), 58.

187. Praktikos, 81.

188. 존 카시안, 담화집, 1.4.

189. Ibid., 1.5.

190. Ibid., 1.5.

191. Ibid., 7.16.

192. Ibid., 6.17.

193 사막 교부들의 금언, 시소에스 44.

194. 에바그리우스의 기도와 묵상, 기도 3.

195. Ibid., 기도 60.

196. Ibid., 기도 4.

197. Ibid., 기도 32.

198. Ibid., 기도 36.

199. Ibid., 22. 인간의 기도는 애가와 같이 솔직히 내면의 애통함과 상한 심령을 하나님 앞에 드러내는 기도여야 한다. 그러나 그것은 내 안에 모든 감정과 열망이 이끄는대로 하나님께 구하고 매달리라는 의미와는 전혀 다르다. 성경은 종교성으로 위장한 거짓된 영혼의 기도와 함께 사욕으로 가득찬 영혼의 기도 또한 하나님께서 들지 않으신다는 점을 분명히 하고 있다.

200.

201. 이와는 반대되는 의미로 긍정(kataphatic)은 그 형상(phasis)을 따른다 (kata, according to)는 의미를 갖는다. 하나님을 이해하는 두 고전적인 전통은 6세기 시리아의 수도사 디오니시우스로부터 체계화 되어 긍정의 신

학 (kataphatic theology) 과 부정의 신학 (apophatic theology) 으로 전해진
다. 개신교의 경우는 주로 과도한 이성주의에 기초한 긍정의 신학의 옹호
자였다면, 로마 가톨릭이나 동방 정교회 전통은 그들의 인식론적 기초를
부정의 신학 안에 기초하고 있는 것을 볼 수 있다.

202. Gregory of Nyssa, Life of Moses (Mahwah, NJ: Paulist, 1978).

203. Ibid., 163.

204. Belden C. Lane, The Solace of Fierce Landscapes: Exploring Desert and
Mountain Spirituality (New York: Oxford University Press, 1998), 68에서
재인용.

205. 요한 카시우누스의 담화집, 1.15.

206. Evan B. Howard, The Brazos Introduction to Christian Spirituality (Grand
Rapids: Brazos Press, 2008), 137.

207. 사막 교부들의 금언집 (주제별), 2.33.

208. Julian of Norwich, Showings, trans., Edmund Colledge, OSA, and
James Walsh, SJ (Mahwah, NJ: Paulist Press, 1978), 183.

209. The Cloud of Unknowing (Harper & Brothers, 1948), xxxiv.

210. 사막 교부들의 금언, 루키우스 1.

211. 사막 교부들의 금언, 난쟁이 요한 39.

212. Everett Ferguson, "Messalians" in Encyclopedia of Early Christianity, 2nd
edition (New York: Routledge, 1999), 747.

213. Evagrius Ponticus, Praktikos 85

214. William S. J. Harmless, Desert Christians, 349.

215. M. Robert Mulholland Jr., Invitation to a Journey: A Road Map for
Spiritual Formation (Downers Grove, IL: IVP Books, 2016), 12.

216. Gustavo Gutierrez, We Drink from Our Own Wells: The Spiritual Journey
of a People, (Maryknoll, NY: Orbis Books, 2003), 33–34.

217. 사막 교부들의 금언, 난쟁이 요한 18.

218. The Lives of the Desert Fathers (Historia Monachorum in Aegypto). 이후
정 역. 사막 교부들의 삶 (서울: 은성, 1994), 10.

219. 사막 교부들의 금언, 안토니 9.

220. 사막의 금언집에는 파에지에라는 한 여인이 마을에 사막의 교부들을 위한 요양소(hospice)를 만들었다는 이야기가 짧게 소개되고 있다. 이처럼 당시 이집트의 도시와 마을에는 사막의 교부들과 교모들의 왕래가 있었고, 그런 그들을 환대하는 분위기가 조성되었던 것으로 추정된다. 사막 교부들의 금언, 난쟁이 요한 40.

221. 사막 교부들의 금언, 307.

222. Rowan Williams, When God Happens: Discovering Christ in One Another (Boston: New Seeds Books, 2015), 12.

223. 사막 교부들의 금언, 대 마카리우스 4.

224. Ibid., 파프누티우스 1.

225. 여러 죄악들 가운데 성적인 정욕의 죄악의 경우, 평소 두려움 없는 공간을 창조하는 일이 그 죄에 대한 투명한 접근을 가능하게 한다. iChurch 시대의 일곱가지 치명적 죄악, 8장에서는 이러한 상황에 대해 자세히 다루고 있다. 비슷한 맥락에서 로완 윌리엄스는 이같은 죄의 극복을 위해, 타인과의 연대solidarity 와 죄에 대한 명확한 규명identification의 중요성을 강조한다. Williams, 31.

226. 사막 교부들의 금언, 모티우스 1. 사막의 교부들은 엘리트 의식에 사로잡혀 자신을 더 가혹하게 몰아 붙이려는 수도사들의 수덕적 삶을 경계했다. 끊임없이 균형잡히고 적당한(moderate) 수준의 금식과 철야 등의 수덕적 활동을 할 것을 강조하는 이유 가운데 하나는 타인의 자리를 위함이었다. 그들은 누구도 범접할 수 없는 경지의 성인이 되는 것이 목적이 아니었고, 반대로 누구라도 맞이할 수 있는 열린 여백을 가진 인간이 되는 것이 목적이었다.

227. 수실을 찾아온 방문객들을 위해 금식과 같은 수덕적 활동을 중단한 채, 지극 정성으로 그들을 환대하는 사막 교부들의 일화는 금언집의 곳곳에서 발견된다. 방문객들과 어울려야 하는지에 대한 질문 앞에 파네피시스의 요셉은 형제들이 찾아오면 그들을 영접하고 거리낌 없이 이야기를 나누고, 홀로 있을 때에는 인내를 위한 눈물을 흘리며 생활할 것을 권면한다. 사막 교부들의 금언, 파네피시스의 요셉 1. 사막의 교부 히에락스의 경우, 어떻게 하면 구원에 이르는가는 질문에 대해 다음과 같이 답하고 있다. "수실에 들어가 앉아서 배가 고프면 먹고, 목이 마르면 물을 마십시오. 오직 다른 사람을 비방하지 마십시오. 그러면 구원 받을 것입니

다." 모든 육적인 수덕적 활동들을 중단하더라도, 타인을 위한 자리만은 정결히 지킬 것을 주문하는 히에락스의 금언 역시 사막의 수덕주의가 결코 개인의 영적 근육을 형성하기만을 위한 사사화된 영성이 아니었음을 반증해 준다. 사막 교부들의 금언, 히에락스 1.

228. Williams, 33.

229. 사막 교부들의 금언, 아폴로 3.

230. 사막 교부들의 금언집 (주제별), 13.11.

231. John Cassian, The Institute, 5.25.

232. 사막 교부들의 금언집 (주제별), 10.146.

233. 사막 교부들의 금언, 포에멘 160.

234. Ibid., 모세 2.

235. Ibid., 포에멘 58.

236. Ibid., 모세 5.

237. Daniel Homan and Lonni Collins Pratt, Radical Hospitality (Brewster, MA: Paraclete Press, 2002), 16.

238. Ibid., 20-21.

239. Ibid., 37-38.

240. Ibid., 42.

241. 맥도널드화라는 표현은 사회학자 조지 리처(George Ritzer)가 만들어 낸 말로, 막스베버가 예측한 철의 감옥으로서의 고도로 관료화되고 합리화된 근대사회의 모습이 20세기 후반 이후 더욱 그 삶의 전방위적으로 확장되는 현상에 대한 표현이다. 리처는 맥도널드화를 "패스트 푸드점의 원리들이 미국 사회는 물론 세계 곳곳에 주도적인 현상으로 자리잡는 과정"이라고 정의하며, 효율성, 예측가능성, 계산가능성, 통제의 네 가지 특징을 갖고 현대 사회의 시스템들에 파고든다고 설명하고 있다. George Ritzer, The McDonaldization of Society. (Thousand Oaks: SAGE Publications, Inc., 1996)

242. Rod Dreher, The Benedict Option: A Strategy for Christians in a Post-Christian Nation (NY: Sentinel, 2017). 이 책은 베네딕트 옵션으로 번역되어 출판되었다. 로드 드레허, 베네딕트 옵션 (서울: IVP, 2019).

243. 조의완, "유동하는 공포의 사사화를 극복하는 대안적 목회 영성으로서

의 사막의 영성과 정주의 훈련"

244. 드레허, 31.

245. 드레허는 그의 책 3장 삶의 규칙을 통해 베네딕트 영성을 부분적으로 소개하고 있다. 그러나 베네딕트 영성과 그 전신이라고 할 수 있는 사막의 영성이 보여주는 침묵, 정주, 관조에 기초한 수덕주의가 그의 논의의 핵심이 되고 있지는 못하다.

246. 사막 교부들의 금언, 신클레티카 12.

247. 안토니 15.

248. Eugene H. Peterson, "Forward," in Gerald L. Sittser, Water from a Deep Well: Christian Spirituality from Early Martyrs to Modern Missionaries (Grand Rapid: IVP, 2010), 9-10.

249. Thomas Merton, The Wisdom of the Desert (New Directions, 1970), 5-6.